ユマニチュード入門

本田美和子
イヴ・ジネスト
ロゼット・マレスコッティ

医学書院

ユマニチュード入門		
発　行	2014年6月15日　第1版第1刷Ⓒ	
	2015年9月15日　第1版第7刷	
著　者	本田美和子	
	イヴ・ジネスト	
	ロゼット・マレスコッティ	
発行者	株式会社　医学書院	
	代表取締役　金原　優	
	〒113-8719　東京都文京区本郷1-28-23	
	電話　03-3817-5600(社内案内)	
印刷・製本	アイワード	

本書の複製権・上映権・譲渡権・公衆送信権(送信可能化権を含む)
は(株)医学書院が保有します．

ISBN978-4-260-02028-2

本書を無断で複製する行為(複写，スキャン，デジタルデータ化など)は，「私的使用のための複製」など著作権法上の限られた例外を除き禁じられています．大学，病院，診療所，企業などにおいて，業務上使用する目的(診療，研究活動を含む)で上記の行為を行うことは，その使用範囲が内部的であっても，私的使用には該当せず，違法です．また私的使用に該当する場合であっても，代行業者等の第三者に依頼して上記の行為を行うことは違法となります．

JCOPY 〈出版者著作権管理機構　委託出版物〉
本書の無断複製は著作権法上での例外を除き禁じられています．複製される場合は，そのつど事前に，出版者著作権管理機構(電話 03-3513-6969，FAX 03-3513-6979，info@jcopy.or.jp)の許諾を得てください．

はじめに

　人口の高齢化は、日本でも、世界でも、急速に進んでいます。病院においても高齢の患者さんの占める割合が年々高くなってきています。わたしは総合病院で働く内科の臨床医ですが、近年、自分がこれまであまり経験することのなかった出来事に遭遇することが増えてきました。

　病院は"病気を治す場所"として、体調を崩した方が次々に訪れます。医師としてのわたしの仕事は、病院を訪れる理由となったその人がおもちの病気を診断し、その治療を行うことです。医師や看護師は疾患の病態生理やその診断の方法、選択すべき治療の内容などについての教育を受けています。知識とともに自分たちの経験の蓄積もあり、その実践には自信をもっています。

　しかし、患者さんが脆弱な高齢者である場合、疾患だけを治していても、その方の健康を取り戻すことはできないことを痛感するようになりました。たとえば、肺炎で10日間入院しているあいだに歩けなくなってしまったり、自分で食事がとれなくなってしまった人。認知の機能が低下して自分がどこにいるのかわからず、入院中であることを理解できない人。治療の意味がよくわからずに点滴を自分で抜いてしまい治療の継続が困難な人……。

　このような人々に出会うことがごくごく普通のことになってきています。そして、このような人々の多くは、入院の直接の原因となった疾患は治っても、自宅での生活に戻ることができなくなる場

合が少なくありません。

　そもそも、わたしたちが学んできた医学は、治療の意味が理解でき、検査や治療に協力してもらえる人を対象とすることを前提にしています。高齢で認知機能が低下してきた方々にどのように接していけばよいのか、わたしは途方に暮れていました。

　そんなとき、高齢者とりわけ認知症の人にも有効なケアがフランスに存在することを知りました。ユマニチュードというそのケアを実際に経験するために、2011年の秋にわたしはフランスを訪れました。そこで学んだケアの技法は、非常に具体的な技術を原則にのっとって実践するものであり、わたしはこの技法は日本でも十分に利用できる、と確信をもちました。

* * *

　ユマニチュード（Humanitude）はイヴ・ジネストとロゼット・マレスコッティの2人によってつくり出された、知覚・感情・言語による包括的コミュニケーションにもとづくケアの技法です。この技法は「人とは何か」「ケアをする人とは何か」を問う哲学と、それにもとづく150を超える実践技術から成り立っています。認知症の方や高齢者のみならず、ケアを必要とするすべての人に使える、たいへん汎用性の高いものです。

　体育学の教師だった2人は、1979年に医療施設で働くスタッフの腰痛予防対策の教育と患者のケアへの支援を要請され、医療および介護の分野に足を踏み入れました。その後35年間、ケア実施が困難だと施設の職員に評される人々を対象にケアを行ってきました。

　彼らは体育学の専門家として「生きている者は動く。動くものは生きる」という文化と思想をもって、病院や施設で寝たきりの人や

障害のある人たちへのケアの改革に取り組み、「人間は死ぬまで立って生きることができる」ことを提唱しました。

　その経験の中から生まれたケアの技法がユマニチュードです。現在、ユマニチュードの普及活動を行うジネスト－マレスコッティ研究所はフランス国内に11の支部をもち、ドイツ、ベルギー、スイス、カナダなどに海外拠点があります。また2014年には、ヨーロッパ最古の大学のひとつであるポルトガルのコインブラ大学看護学部の正式カリキュラムにユマニチュードは採用されました。

　「ユマニチュード」という言葉は、フランス領マルティニーク島出身の詩人であり政治家であったエメ・セゼールが1940年代に提唱した、植民地に住む黒人が自らの"黒人らしさ"を取り戻そうと開始した活動「ネグリチュード（Négritude）」にその起源をもちます。その後1980年にスイス人作家のフレディ・クロプフェンシュタインが思索に関するエッセイと詩の中で、"人間らしくある"状況を、「ネグリチュード」を踏まえて「ユマニチュード」と命名しました。

　さまざまな機能が低下して他者に依存しなければならない状況になったとしても、最期の日まで尊厳をもって暮らし、その生涯を通じて"人間らしい"存在であり続けることを支えるために、ケアを行う人々がケアの対象者に「あなたのことを、わたしは大切に思っています」というメッセージを常に発信する──つまりその人の"人間らしさ"を尊重し続ける状況こそがユマニチュードの状態であると、イヴ・ジネストとロゼット・マレスコッティは1995年に定義づけました。これが哲学としてのユマニチュードの誕生です。

　　　　　　　　　　＊　　＊　　＊

　さて、フランスから帰国後、わたしは親しい看護師の友人たちと

このケアについて学びはじめました。学んだケアの技法を自分たちの日常の業務の中で実践してみて、日本の看護・介護の現場でもフランスと同様のケアの成果をあげられることを実際に経験するようになりました。技法を学んだ仲間とともに、日本支部の設立準備も進めています。

　この本は、このケアの創始者であるイヴ・ジネスト、ロゼット・マレスコッティと、この2人から直接指導を受けた看護師との共同作業を通じて生まれました。そのケア介入の効果がときに劇的であることから、「魔法のような」と呼ばれることもあります。しかし、ユマニチュードは決して"魔法"などではありません。誰もが学ぶことができ、実践することができる、具体的な技術です。この本では、その入門編として、ユマニチュードの基礎となる考え方と技術を紹介しています。また、国立病院機構東京医療センターでは、ケアの実技を含めたユマニチュード研修の準備を進めています。

　ケアを行う際にさまざまな困難に直面している、ケアを職業としている方々や家族のケアをしている方々にこの本が役立てば、これほどうれしいことはありません。

2014年5月

国立病院機構東京医療センター

本田美和子

カバーの写真は、101歳のピアニスト長谷川照子さんがピアノを弾いていらっしゃる手を撮影したものです。ご家族や介護の専門家の支援を受けながら毎日の生活を楽しみ、「明日は何をしようかしら」と微笑むそのお姿は、ユマニチュードが目指す到達点の象徴とも言えます。撮影をご快諾いただいたことに深謝いたします。

ユマニチュード入門
目次

はじめに……… *003*

Section1
ユマニチュードとは何か……… *011*

1　ケアをする人と受ける人……… *012*
2　その人に適したケアのレベル……… *017*
3　害を与えないケア……… *024*
4　人間の「第2の誕生」……… *032*

Section2
ユマニチュードの
4つの柱 ……… *039*

1　ユマニチュードの「見る」……… *042*
2　ユマニチュードの「話す」……… *054*
3　ユマニチュードの「触れる」……… *064*
4　ユマニチュードの「立つ」……… *074*
5　人間の「第3の誕生」……… *084*

Section3
心をつかむ5つのステップ............089

第1のステップ──出会いの準備............094
第2のステップ──ケアの準備............100
第3のステップ──知覚の連結............114
第4のステップ──感情の固定............124
第5のステップ──再会の約束............130

Section4
ユマニチュードを
めぐるQ&A............135

ユマニチュードとの出会い............142
著者紹介............146

編集協力　　　　伊東美緒
本文イラスト　　萩原亜紀子
カバー写真撮影　安部俊太郎
ブックデザイン　加藤愛子（オフィスキントン）

Section 1
ユマニチュードとは何か

1 ケアをする人と受ける人

日常の風景

　ユマニチュードの研修では、ケアの現場の映像を見ながらその内容を分析していきます。ここに示す写真はその典型的な映像の一部です。

　浴室で高齢の女性がシャワー浴を受けています。体はベルトで固定され、両手をつかまれてシャワーをかけられており、大きな声をあげて抵抗を試みています。一方、ケアをしている人たちは、黙々とその作業を遂行しています。

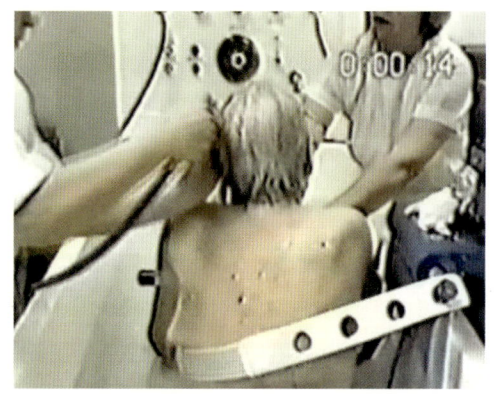

　「介護施設である」「ケアをしているところである」ということを知らなければ、もしかすると拷問のように感じる人もいるかもしれません。しかし、もちろんケアを行う側は暴力を振るっているわけ

でも、拷問をしているわけでもありません。ケアを提供するという職務を全うしようと全力を尽くしています。

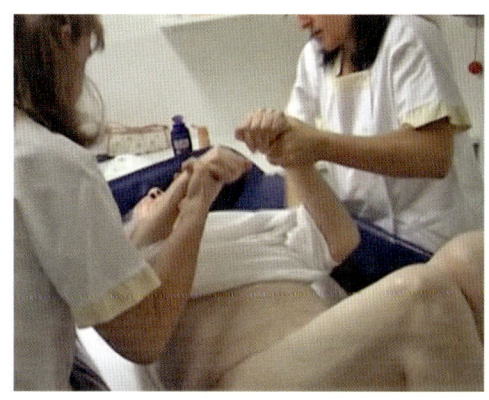

　また、この写真はシャワー浴を終えた人に服を着せているところです。ケアをしている人は左右から両手首をがっちりとつかみ、シャツを頭に通すことに集中しています。ケアをしている2人から、本人へ声がかけられることはほとんどありません。黙々と正確に手際よく着衣行為が行われていきます。
　ケアを受けている人は、腕はもとより体中を固くして、ますます着替えに協力できない状態です。自分が何をされようとしているのか説明もなく、視線も合わせず、手首をつかまれている状態は、ケアを受けている人に不安や恐怖を引き起こしている可能性があります。

　次頁のイラストは、口腔ケアをするために、2人がかりで口を開けてもらおうとしているところです。手にはミトンとグリップが巻かれています。さらに1人はミトンをつけた手で殴られないよう、

がっちりと押さえつけています。

　ケアを受ける人は眼を固く閉じて、決して周囲を見ようとせず、触られるたびに大声を上げて叫んでいます。しかし、ケアを予定通りに終わらせないと次の人へのケアが遅れてしまい、一日のスケジュールの予定がずれてしまうので、なんとしても口を開けてもらわなければなりません。

　いつもこの人へのケアは困難で、今日もまた説明してもわからないだろうし口も開けてはくれないだろう、とケアをする人は考えています。ともかく口腔ケアを行って、口の中に薬を塗らなければならない、と必死です。その結果、力づくの強制的な口腔ケアが実施され、ケアを受ける人は体を縮めて必死で抵抗して叫んでいます。

それは防御かもしれない

　このように、何らかの病気や障害を抱えたり、認知機能が低下したため、他者に頼らざるをえない状態になっているにもかかわらず、ケアや処置を行うことが困難なときがあります。そして、ケアが困難なそのような人たちは、「困った人」「手のかかる人」と捉えられがちです。

　しかし、一見攻撃的に見える行為は、実は本人が自分を守ろうとして戦っている「防御」である可能性があります。ケアを行う人は、自分の職務を全うするために、どんなに拒絶されてもケアをやり遂

イヴ・ジネストさん

> ### ケアする人は環境の一部
>
> 　「手に負えない患者さん」に出会うことがあります。でも、ある看護師さんがその人のケアを行うときに限って何の問題もない、ということもしばしば経験しませんか？　その看護師さんが特別美しいからというわけではなく（笑）、その方が提供するケアの技術に、ほかの人とは違うすばらしい要素があるからです。その「すばらしい要素とは何か」を観察するところから、ケアが困難な状態を打開する解決策が生まれてきます。
>
> 　認知症の周辺症状は環境に左右されるとよく言われます。ならば、その方のかかわりそのものが、よい環境を形づくっていたと考えてはどうでしょう。あるいは「ケアする人は環境の一部なのだ」と考えてはどうでしょうか。

げようと全力を尽くします。これではその人のために行っているにもかかわらず、その人にとっては「襲われている」と感じるケアになってしまっています。

* * *

　ケアを受ける人とケアをする人の双方が「よかった」と感じられるような、満足のいく時間を過ごすことで初めて、ケアを通じた幸せな関係が成り立ちます。
　このような関係をつくるためには何が必要なのでしょうか？
　ユマニチュードでは、「ケアをしているわたしとはどんな存在なのか？　そしてケアを受けているこの人はどんな存在なのか？」と問いかけることから、その関係づくりを始めます。

やってみたユマニチュード

　わたしたち看護師は、ケアやその意図が患者さんに当然伝わっていると思い込んでいるところがあります。「体、拭きますよ」と声をかけるだけで、本当に伝わっているかどうかを確認しないまま行為を始めています。では、どうすれば伝わるのか。その具体的な技術が、ユマニチュードの「見ること」「話すこと」「触れること」に集約されているのだと思います。
　＊このコラムでは、ジネスト氏とマレスコッティ氏に直接指導を受けたインストラクターの看護師たちが、ユマニチュードに出会って実感したことを紹介していきます。

2 その人に適したケアのレベル

ケアのレベルを設定する

　ケアを行うときには、その目的が次の3つのどれにあたるかをまず考えます。

①健康の回復を目指す（たとえば肺炎を治す）。
②現在ある機能を保つ（たとえば脳梗塞後の麻痺が進行しないようにする）。
③回復を目指すことも、現在ある機能の維持をすることも叶わないとき、できるかぎり穏やかで幸福な状態で最期を迎えられるように、死の瞬間までその人に寄り添う（たとえば、末期のがんの緩和ケアを行う）。

　ここで問題になるのは、果たしてわたしたちは、これらのレベルに則したケアを本当に提供しているのかどうかということです。
　フランスのある介護施設では、ユマニチュードによるケアの導入後、ベッドで行う清拭が60%から0%になったという報告がありました。これは、受けるべきケアのレベルを再評価してみたところ、それまでベッドでの清拭を受けていた入居者の全員が実は適切なレベルのケアを受けていなかった、ということを示しています。
　ケアをする人にとっていちばん大切なことは、「相手のレベルに応じたケアを行っているか」を自らに問うことです。ケアを受ける人がどれだけの能力をもっているのか、どれだけの能力が残ってい

るのかについて常に評価を行う必要があるのですが、その評価ができるのは、本人のそばで観察を続けている看護師や介護士だけです。多くの場合、医師にはそれができません。

　ケアのレベルを評価することで、本人の健康状態を変えることができるかもしれません。というのは、評価したレベルに応じたケアの方法や器具を選択すれば、本人の健康状態に変化を生じさせられるからです。もし保清・清拭の目的が衛生を保持することだけであれば、ベッドの上で行ってもよいかもしれません。しかしそれでは衛生は保持できても、ケア本来の目的は達成できません。

　「そうは言っても、忙しい業務時間の中で時間をとることができない」という意見もよく聞かれます。たしかに毎日1時間たっぷり時間がとれれば、ベッドで保清・清拭をした後に歩行訓練を行えばいいでしょう。しかし、たとえ1人あたり保清に30分しか時間がとれない状況であっても、その30分を正しいレベルでのケアの時間にあてればよいのです。

　それが本人に立ってもらったり、歩いてもらう唯一の機会であるならば、この30分間、立位で保清・清拭をしてください。こうすれば、「日常のケア」が健康の回復や維持を実現させる手段となります。

誤ったレベルのケアは害である

　その人に適したケアのレベルを考えるときに最も大切なのは、どんな場合でも、本人に害を与える可能性のあることは決して行わない、ということです。

「自分はケアをしているのであって、相手に"害を与える"ことをやっているわけがない」と考える方も多いでしょう。しかし、たとえば、本当は歩くことができる人を車いすで食堂や検査室に連れ

> **よいケアとは**
>
> 　日本のある介護施設を訪問したときのことです。介護士さんたちはとても優しく、たいへん温かく迎えてくださいました。そこで、ケアをするのが難しい患者さんについての相談を受けました。
> 　相談のひとつに、長いあいだ車いすに座ったままの女性を歩かせることができるだろうか、というものがありました。わたしたちはその女性に会いに行き、立って3歩、歩いてもらうことに成功しました。
> 　それを見ていた別の女性が自分で車いすをこいで近づいてきました。その方は半年以上歩いておらず、「自分も歩きたいから手伝ってほしい」とおっしゃるのです。わたしたちは2人で体を支えてみました。すると彼女は、まるで疾走するかのように、ぐんぐんと廊下を歩いていくのです。次に廊下の手すりを使ってみると、さらにしっかりとした足取りで歩くことができました。本当にうれしそうに歩みを進め、わたしたちが帰るときには玄関まで見送りに来てくださったのです！
> 　この女性のケアをする方々が、よいチームであることに間違いはありません。唯一の問題は、この女性のレベルに合ったケアが実施されていなかったということです。優しく付き添っているだけでは、よいケアとは言えません。わたしたちが行わなければならないのは、単に優しく寄り添うことにとどまらず、その健康状態を維持する、望むらくは改善を試みることです。

て行くことは、本人の本来の「歩く力」を奪うことになります。それは結果として、本人に害を与えることになっています。

　以下、レベルごとに具体的に考えていきましょう。

❶「回復を目指す」レベルについて

　保清・清拭はケア業務の半分を占めるとも言われています。そこで、寝たきりと思われている人をベッドで清拭する例を考えてみましょう。

　この人は多少なりとも立つことが可能な状態なのですが、すべてのケアはベッドに横になったままで行われています。ケアを行った人はこのケアをどのように評価しているでしょうか。「ケアを受けた人はきれいになった。疲れないようにベッドで横になってもらいながら体をきれいにした。わたしは相手のことを大切に思い、優しく接することができた」と考えているかもしれません。しかし、これは本当にその人の回復を目指したケアのレベルといえるでしょうか？

　立つことができるのに、寝たままでベッド上で清拭を行う。これは「回復を目指すケア」ではありません。立つ姿勢をとることができれば、骨には荷重がかかり、カルシウムが定着します。立ったり座ったりする動作を通じて関節の可動域を大きくすることもできます。そして立位のための筋肉が働くことで筋肉量の低下を防ぐことができます[*]。

　ベッドで寝たままの清拭では、骨に体重がかかることが少ないため骨は強くならず、関節は固くなり、筋力は衰えます。**ベッド上安**

---

[*] Creditor MC. Hazards of hospitalization of the elderly. Ann Intern Med. 1993 Feb1;118（3）:219-23.

静は1週間で20%の筋力低下を来たし、5週間では筋力の50%を奪ってしまいます[*]。

　重力のない状態で過ごして地球に帰還した宇宙飛行士は、2週間という短期間であっても20%の筋力を失っているという報告もあります[**]。すなわち、本人の骨と筋肉に荷重をかけない「寝たままの清拭」は、回復を目指すというケアの目的にかなっていません。

　この人は立てるだろうか？　立ち続けることは難しくても、座って休憩をはさめばまた立つことができるだろうか？　そう考えることから、ケアの計画は始まります。もし40秒以上立つことができるのであれば、「立つ」「座る」の動きを計画的に組み入れる清拭方法をとることで、立ちながらの清拭が可能となります。つまり、本人の現在の身体機能や健康状態のレベルを見極め、それに応じた個別のケアを行うことが重要なのです。

❷「現在の機能を保つ」レベルについて

　立位がとれる人であれば立って清拭することはもちろんですが、食堂まで歩いていけるのなら、それを妨げないことが大切です。たとえば、リハビリセンターまで歩いていける人なのに、「はい、リハビリの時間ですよ。車いすに乗ってください」と車いすを準備してしまっては、自力での移動の機会を奪ってしまうことになります。自分の業務の時間が節約できるから、あるいは医師からの移動の指示が車いすだからという理由で本人が歩くのを妨げては、本末転倒

---

[*] Thomas E et al. Effects of extended bed rest: immobilization and inactivity. Cuccurullo S(ed). Physical medicine and rehabilitation board review. Demos Medical Publishing;2004. http://www.ncbi.nlm.nih.gov/books/NBK27213/.

[**] 大島博 他．宇宙飛行による骨・筋への影響と宇宙飛行士の運動プログラム．リハビリテーション医学.2006;43:186-94.

です。本人に害を与える結果になってしまいます。

　少しでも立ったり歩いたりができるなら、たとえその行為が途中までで、その後援助を必要とすることになったとしても、現在の機能を維持するというケアの目的は果たせています。

　そのケアを完遂することが重要なのではありません。その人の現在の健康状態を見極めて正しいレベルでケアを行うことが、ケアという仕事にとってより大切なのです。

❸「最期まで寄り添う」レベルについて

　健康の回復も維持も困難な場合には、穏やかに過ごすために寄り添うケアを行うことになりますが、その際も、残っている本人の力を奪うケアにならないよう注意を払うことが大切です。

　たとえば、がんの終末期であっても、自分でパジャマのボタンをはずすことができる人であれば、着替えの際に「協力していただけますか」と声をかけ、自分でできるところまでやってもらうことで、本人に害を与えるケアを避けることができます。

害を与えないケア

　ここまで「誤ったレベルの評価にもとづいたケアは害になりうる」ことを述べてきました。しかし実際のケア現場では、結果としてもっと直接的に、「害を与える」ケアが行われていることがあります。

なぜ罪悪感を抱いてしまうのだろう……

　ケアを職業とする人の多くは、自分の仕事は人の役に立つよいことだと思って毎日働いています。でも一日の仕事が終わって家に帰るときに、どこか罪悪感を抱くときもあります。点滴を抜きそうなので手を拘束したとき、ベッドから転落しそうなので「あなたのためですよ」と言いながら体幹抑制をしたとき、「十分に食事がとれないから」と嫌がる患者さんを押さえながら胃管を挿入したとき……。そのときわたしたちは、本人の生命維持のために必要なことや医療安全管理の面から重要なことだけに注目しています。

　食べること、排泄すること、体を洗うこと、動くことなどは人間が生きていくための基本的な条件です。そのために行うべきなのは、経鼻胃管を入れることでしょうか？　おむつを付けてあげることでしょうか？　決まった曜日の決まった時間にベッドやストレッチャーバスでシャワーをすることでしょうか？「転ぶから危ない」と車いすを勧めることでしょうか？

　わたしたちは健康上の問題がある人へケアを行うプロフェッショナル（職業人）です。それなのに、わたしたちのケアが害を与えて

いるかもしれないとは、一体どういうことなのでしょうか。以下、具体的に考えてみましょう。

強制ケアが健康を害している

　強制的なケアが健康を害していることは、多くの研究よって既に実証されています*。

- たとえば、歩行を介助すればトイレまで行けるのに、おむつを付けられてベッド上にとどめられ、尿意を周囲に訴えても「おむつをしていますよ。そこでしてください」と告げられてしまいました。
- たとえば、火曜日の午後2時は入浴の時間、と決められているため、「今日は入浴は嫌だ」と言っているのに無理やり布団をはがされ、服を脱がされ、シャワーを浴びせられてしまいました。
- たとえば、歩くのに介助が必要で時間がかかる女性が、忙しいという理由で車いすにいつも座らされていました。そして2週間後には歩くことも、話すこともしない人になってしまいました。

　この3つはいずれも、強制ケアの典型例です。「だって、仕方がない」と多くの施設や病院で強制ケアは行われています。**ユマニチュードでは強制ケアをゼロにすることを目指します**。後で述べるユマニチュードの技法を用いれば、それは不可能ではありません。

* Ubel P. Sleepless in the hospital: our own default. J Hosp Med. 2010;5:E20-4.

section1　ユマニチュードとは何か

睡眠を妨げない

　睡眠は記憶能力の維持に欠かせません。たとえば学校の宿題で翌日に詩の暗唱をしなくてはいけないとき、夜寝る前に詩を復唱したほうが効果的です。

　アルツハイマー病は認知と記憶の障害ですが、この障害があったとしても、睡眠は同様の効果をもたらします。記憶の保持が困難になった人でも、幸せな気分で眠りについたという思いは感情記憶にとどまりますから、就寝時のケアは大切なのです。

　このことを理解していれば、夜間の安否確認のための訪問や、失禁していないかと確認するためのおむつ交換がどれほど悪い影響をもたらしているか想像できるでしょう。ユマニチュードを採用した施設では、睡眠を妨げる行為は、それがたとえケアという目的であってもできるかぎり排除しています*。

抑制はしない

　ケアをする人にとって、よい患者や入居者とはどういう人でしょうか？

　もしあなたの施設が寝たままで清拭するのが当たり前であったなら、ベッドで静かに寝ている人が「よい」人です。ケアをしている

---

* Stickgold R. Sleep dependent memory consolidation. Nature. 2005;437:1272-78.
　Missildine K. Sleep and the sleep environment of older adults in acute care settings. J Gerontol Nurs. 2008 Jun;34(6):15-21.
　Pilkington S. Causes and consequences of sleep deprivation in hospitalised patients. Nurs Stand. 2013 Aug 7-13;27(49):35-42.

section1 ユマニチュードとは何か

ときに動かない人のことですね。一方で、転ぶ危険性があると判断したのに病室から出歩くような人は困りますね。そんな姿を見かけたら、仕事の手を止めて駆け付けて「どこに行くんですか?」「待っていてください」「動かないでください」と言わなければならないからです。

医療機関では治療が何よりも優先されますし、医療安全の確保もまた重要な課題です。そのため看護師は、医師から指示を得て「安全に」抑制を行うよう努めます。抑制帯がミミズ腫れをつくっていないか? 褥瘡をつくっていないか? 患者にとって危険が生じていないか? これらを定期的にチェックします。

しかしそのような細心の注意を払っていても、入院の原因となった肺炎の治療が終わった2週間目には歩けなくなっている、ひとりでは食べられなくなっている、という皮肉な現実があります。

抑制の害は、ごく普通の人が一日でもベッドでの拘束に耐えられるかどうかを考えてみれば明らかでしょう。健康を害している人にとってはさらに有害な、とても危険な行為です。

とはいえ臨床の現場では、抑制をやめるのは簡単なことではありません。「点滴や胃管を使用している患者の場合はどうすればいいの?」「家族やボランティアがベッドサイドに常に付き添ってくれているわけではないのに」と言いたくもなるでしょう。

しかし、ほぼ同じような健康状態でありながら、施設によって経鼻胃管が入っている人といない人がいるのはなぜでしょうか。何かが間違っている可能性は本当にないか、わたしたちは見直すべきではないでしょうか。もしかすると、ケアを受ける人の状態評価の方法や基準、ケアの技術に差があるのかもしれません。単に習慣になってしまっていて漫然と付けてしまっているだけなのかもしれま

せん。そもそもその患者にとってチューブが本当に必要なのかどうかを問いかけることができるのは、本人のいちばん近くでケアを行っている人なのです。

　「生きているものは動く」「動くことが生きていることだ」を当たり前に受け止めるケアの文化を育て、ケアの方法を変えていくことが必要です*。

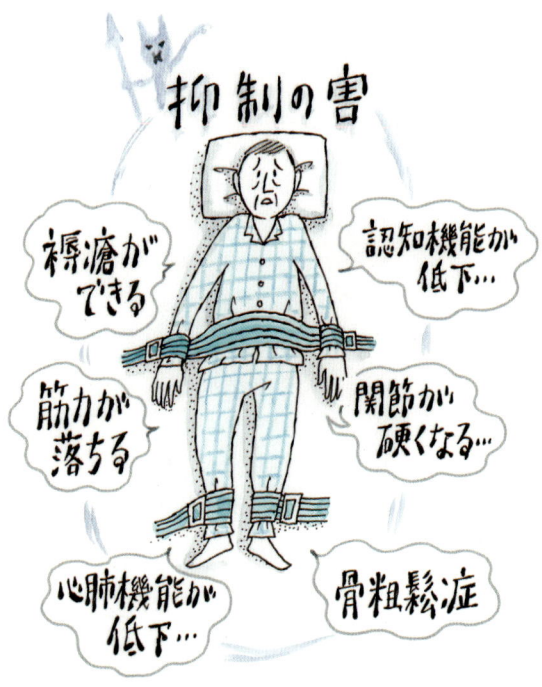

* Barnett R et al. A review of the scientific literature related to the adverse impact of physical restraint: gaining a clearer understanding of the physiological factors involved in cases of restraint-related death. Med Sci Law. 2012 Jul;52(3):137-42.
Evans D et al. Patient injury and physical restraint devices: a systematic review. J Adv Nurs. 2003 Feb;41(3):274-82.

わきを持ち上げない

　医療機関や介護施設の専門職であっても、人を立ち上がらせようとするときや、姿勢を直そうとするときには、ごく自然にわきの下に手を入れて介助しています。

　しかし、わきを持ち上げるという介助の方法は、肩周囲の筋肉や靭帯が衰えている高齢者にとって、肩関節の脱臼につながる危険性があります。

　人はどのようにして立ったり座ったりしているでしょうか。人の体の動きを知ったうえで立位を介助する方法を正しく学び訓練することが必要です[*]。詳細は 74 ページ以降をご覧ください。

[*] Seneviratne C et al. Post-stroke shoulder subluxation: a concern for neuroscience nurses. Axone. 2005 Sep;27(1):26-31.

人間の「第2の誕生」

　ここまで、「ケアをする人と受ける人のあいだでどんな問題が起きているか」、次いで「その人に適したケアのレベルとは何か」、そして「害を与えないケアをする」ことについて考えてきました。この章の最後に、ユマニチュードを支えるもうひとつの根源的な問い──「人間とは何か」について考えてみましょう。

「人間のための獣医」になってはいけない

　人間は動物です。動物は生きていくのに必要な、食べる・飲む・呼吸をする・排泄する・動くという基本的な欲求をもっています。このように他の動物と同じように生きていくのに必要な基本的欲求がある一方で、人間は直立歩行し、言語をもち、他の動物にはない特別な進化をして唯一無二の存在になりました。

　つまり物事に関する概念を有し、ユーモアをもち、笑い、服を着ている。また化粧をして、家族や社会と交流するなどの社会性と理性をもっています。これらはみな人間であることの特性、すなわち"人間らしさ"です。逆に、これらの特性を欠いてしまえば、わたしたちは他の動物との差がなくなってしまいます。

　人間の、動物の部分である基本的欲求に関してのみケアを行う人は「人間を専門とする獣医」です。人にケアをするにあたって、自分が獣医でありたいとは願う人は多くはないでしょう。人間の特性に対してケアを行うことによって初めて、「人間を専門とする獣医」

ではなく「人のためにケアをする人」になることができます。

　人間の赤ちゃんは、自分で身の回りのことができるまで何年もの歳月を要します。自分で身の回りのことができるまでのあいだ、周囲から触れられたり、見つめられたり、言葉をかけられて育ちます。
　つまり、他者に依存して生きている存在です。依存することこそが生きることであり、未来へとつながっているのです。ケアをする人も、ケアが必要な赤ちゃんに依存されることによって、自分と赤ちゃんとのあいだに愛情と尊厳と信頼を築いていきます。
　脆弱な状態にある高齢者や疾患をもつ人も、他者との関係に着目すると、赤ちゃんと同じ状況にあるといえます。ユマニチュードは、この「人と人との関係性」に着目したケアの技法です。

何が中心にあるべきか

　ユマニチュードの理念は絆です。人間は相手がいなければ存在できません。あなたがわたしに対して人として尊重した態度をとり、人として尊重して話しかけてくれることによって、わたしは人間となるのです。わたしがここにいるのは、あなたがここにいてくれるからです。逆に、あなたがここにいるのも、わたしがここにいるからです。
　わたしが誰かをケアをするとき、その中心にあるのは「その人」ではありません。ましてや、その人の「病気」ではありません。中心にあるのは、わたしとその人との「絆」です。

人間の「第 2 の誕生」

ユマニチュードは精神論ではありません。ユマニチュードは、自分も他者も「人間という種に属する存在である」という特性を互いに認識し合うための、一連のケアの哲学と技法です。

　ケアを行うのは病気や障害があるからですが、ケアの中心にあるのは病気や障害ではなく、ケアを必要とする人でもありません。その中心に位置するのはケアを受ける人とケアをする人との「絆」です。この絆によって、両者のあいだに前向きな感情と言葉を取り戻すことができるのです。

もし他者との絆がなければ

　人間について考える前に、まず動物の絆について考えてみましょう。

　生まれてすぐの子猫は、親猫に愛情を込めてなめてもらわないと死んでしまいます。なめてあげること、なめてもらうことは猫たることの特性、"猫らしさ"を認め合う行為です。子猫はなめてもらわないと、生まれ出た世界に自分の居場所がないと感じて、生きる意欲を失ってしまいます。

　母猫が分娩したときを、子猫の「第1の誕生」と呼ぶことにしましょう。これに引き続いて親猫からなめられ、猫らしさを認められたときが、子猫にとっての「第2の誕生」です。第1の誕生が生物学的な誕生だとすれば、第2の誕生は社会的な誕生、つまり同じ種に属する仲間として迎え入れられたことを意味します。第2の誕生につながらなければ、第1の誕生は無駄に終わってしまうかもしれません。

猫と同じように、人間も2度誕生します。1度目の誕生は生物学的な誕生としての出産です。これは哺乳類・ヒト科としての誕生です。2度目の誕生は、自分が哺乳類・ヒト科に属していると認識する社会的な誕生です。犬ではない、羊ではない、わたしは人間であると認識することであり、まわりの人もわたしと同じ人間であると認めることです。

　母親から産まれた人間は、まず生物学的な第1の誕生を経験しています。そして人生の最初の他者である母親から、人としてのまなざしを受け、声をかけられ、優しく触れられ、適切な世話を受ける

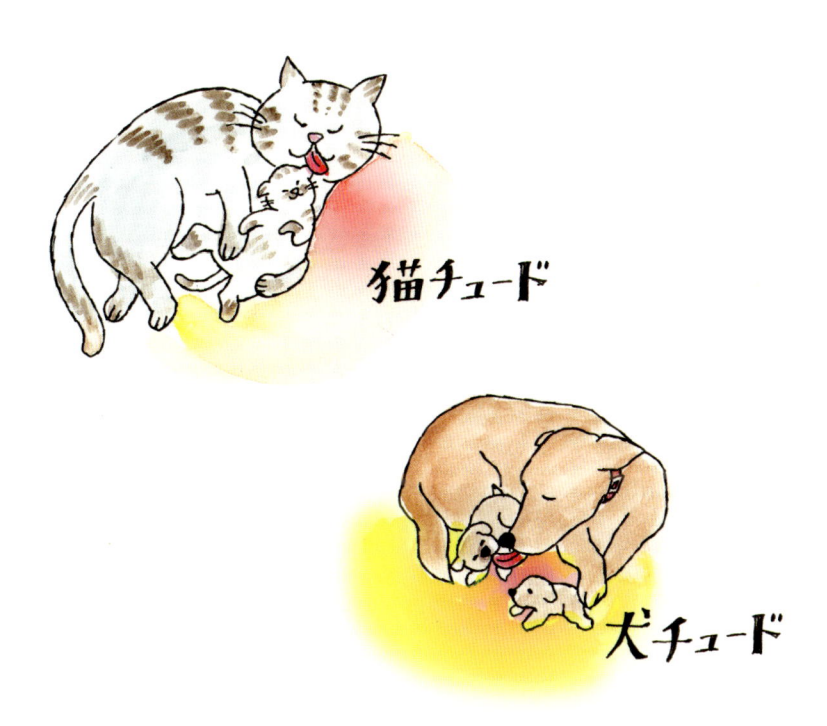

猫チュード

犬チュード

人間の「第2の誕生」

ことによって、自分と社会とのつながりを感覚として受け取り、その後、兄弟や祖父母、友人、仲間や隣人など多くの他者の中で成長していきます。周囲から多くの視線、言葉、接触を受け、2本足で立つことで人としての尊厳を獲得し、自分が人間的存在であると認識することができます。つまりこれが第2の誕生です。

この2度目の誕生に欠かせない、まわりの人からまなざしを受けること、言葉をかけられること、触られることが希薄になると、周囲との人間的存在に関する絆が弱まり、"人間として扱われているという感覚"を失ってしまうおそれがあります。

さらに立つことができなくなり、寝たきりになってしまうと、人はその尊厳を保つことが難しくなってきます[*]。つまり人が人として生きていくことが困難になり、つらい生き方を強いられることになります。ですから、その人の周囲にいる人々はその状況を理解し、希薄になっていく絆を積極的に結び直していく必要があります。

よりよい絆を結ぶための具体的な技法として、ユマニチュードでは「見る」「話す」「触れる」、そして「立つ」ことを援助するという4つの柱を定めています。次の章では、この4つの柱について説明します。

---

[*] 高齢者の尊厳については英国の国立医療技術評価機構（National Institute for Health and Clinical Excellence, NICE）のウェブサイト http://www.scie.org.uk/topic/people/olderpeople が具体的な例をあげながら詳しく説明しています。興味のある方はご覧になってみてください。

第1の誕生

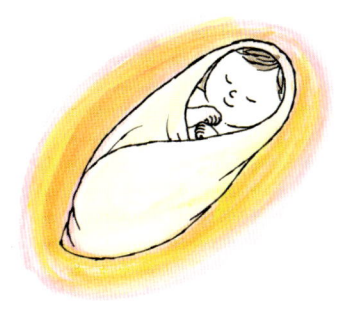

第2の誕生

（孤独…カラに閉じこもる）

第3の誕生

Section2
ユマニチュードの4つの柱

人間の尊厳を取り戻すために

　病院で看護師は、救命と治療目標達成のために診療の補助業務に追われています。忙しいことを理由に直接的ケアが単なる「業務」としてこなされる一方で、安全を確保するための観察が看護師の重要な任務となりつつあります。そのような環境では、せん妄や、自閉症に似たような症状が生じる人も少なくありません＊。

　長期療養施設でも、認知機能の低下した人の増加に応じたケアの体制が十分に整えられていないことから、これまで述べてきた「レベルに応じたケア」を実施することができず、健康の回復も維持も難しくなってしまいます。

　しかし今、わたしたちの目の前にいる健康に問題がある人、障害をもっている人、高齢の人を「個人」として尊重し、(1) その能力や状態を正しく観察し、評価と分析を行うこと、(2) 見つめ、話しかけ、触れ、立つことや移動を効果的にサポートすること、そして (3) その行動の抑制も強制も行わない環境をつくることができれば、ケアを受ける人の能力を維持したり改善することができるはずだと私たちは考えています。

　前章では「第2の誕生」という言葉で、他者によって認められることが人間の尊厳の源であることを述べました。しかし病や障害を得ることによって、それは容易に崩されてしまいます。そこで再び人間の尊厳を取り戻すためには、「見る」「話す」「触れる」「立つ」ことの援助が必要です。以下、このユマニチュードの4つの基本の柱について解説していきます。

＊ Inouye S et al. Delirium in elderly people. Lancet.2014 Mar 8;383(9920):911-22.

見る

話す

触れる

立つ

❶ ユマニチュードの「見る」

ポジティブな見方とネガティブな見方

　「見る」という行為が相手に与えるメッセージは、2つに大別できます。それはポジティブなメッセージとネガティブなメッセージです。

　水平な高さで、正面の位置から、近い距離で、時間的に長く相手を見たときに相手に伝わるのは、ポジティブな意味です。具体的には、水平に目を合わせることで「平等」を、正面から見ることで「正直・信頼」を、顔を近づけることで「優しさ・親密さ」を、見つめる時間を長くとることで「友情・愛情」を示すメッセージとなります。

　これとは逆に、ネガティブなメッセージとはどのようなものでしょうか。ポジティブなメッセージと反対の状況を考えてみればわかりやすいと思います。

　水平ではなく垂直に、正面ではなく横から、近づかずに遠くから、時間的にとても短く、相手を見る状況です。これらの行動は、垂直に見下ろすことで「支配・見下し」を、目の端で見るような横からの視線で「攻撃」を、遠くから見ることで「関係性の薄さや否定的な意味」を、ちらっと短い視線を投げかけることで「恐れ・自信のなさ」を相手に伝えています。

　これはケアの現場だけではなく、日常生活でもよく経験することです。わたしたちは「見る」ことを通じて、さまざまな感情、他者

との関係のあり方を伝えているのです。

「見ない」は「いない」

しかしどんなに否定的なメッセージであったとしても、「相手を見る」以上は、当の相手が存在していること自体は認めています。ここで強調しておきたいことは、「見る」ことに関する最悪な状態です。それは「相手を見ない」ということです。**「相手を見ない」ということは、すなわち「あなたは存在しない」というメッセージを発していることにほかなりません。**

ユマニチュードの「見る」

下のイラストでは、言葉もかけずに男性の帽子を取るやいなや、反対の手ではタオルを取ってケアの準備に入っています。帽子を取るなら男性の顔に視線が行くはずなのに、いつまでたっても視線が合う様子はありません。

やってみたユマニチュード

　わたしたちケアの専門職は、「相手の顔を見ながら話しかけましょう」と習ってきたはずです。ただ、認知機能のレベルに合わせて見方を変えたり、距離を縮めたりといった部分までは習ってこなかったんじゃないかなと思います。もし患者さんが壁側を向いてしまっていたら、無理だと思って視線が向いていないほうから声をかけています。しかしユマニチュードでは、ベッドを動かしてまで必ずそこに隙間をつくって、患者さんが向いているところに行きなさいと言われます。目が向いているところへわたしたちが顔をもっていき、そこから「わたしの目を見てください」とお願いするのです。

視線をつかみに行く

> 田中さん！
> こんにちは！

> 今日は良いお天気ですね！

ユマニチュードの「見る」

ケアを受ける人は本当に見てもらっているか？

　病気や障害によって他者に頼らざるをえない状態になった人の場合、この「見る・見られる」という関係はどのようになっていくでしょうか？
　ここで、認知症で寝たきりとなったグレゴリーさんという高齢者を3日間観察して得た結果を紹介します。
　3日間の調査期間中、部屋にやってきた人からの視線の投げかけは、0.5秒未満が9回あっただけでした。ユマニチュードでは、相手を「見る」ためには0.5秒以上のアイコンタクトが必要だとされています。グレゴリーさんの部屋には3日間の合計で、医師が7分間、看護師が12分間それぞれ来訪していましたが、彼らとグレゴリーさんとのアイコンタクトはともに0秒でした。
　つまり、「あなたの存在を認めていますよ」というメッセージを発するための「見る」という行為が、医師からも看護師からも行われていなかった、という結果になりました。人としての存在とその尊厳を確認するための行為——第2の誕生をもたらす「見る」行為——は、グレゴリーさんに対し3日間で一度も実施されていなかったのです。

「見る」ことに関する2つの方法

　この「見る」ことについて、さらに考えてみましょう。

> **やってみたユマニチュード**
>
> 　ユマニチュードのテクニックに「目が合ったら2秒以内に話しかける」というのがあります。そんなことは当たり前だと思われるかもしれないですが、目が合わないと思っていた方と目が合うと、びっくりしてこちらも一瞬固まってしまうんです。
> 　患者さんの立場になって考えると、ふと気づいたら目の前に人がいて、何も言わずにじっとこちらを見ていたら怖いですよね。攻撃しにきたのかと勘違いされてしまいます。2秒以内に話しかけなければいけないというのは、自分が敵意をもっていないことを相手に示すためなんだ、と知りました。
> 　そういった一つひとつのテクニックが具体的に構築されているところが、ユマニチュードの優れた点だと思います。

　「見る」には、2種類あります。生まれながらにして自然にわたしたちが身につけている「見る」と、後天的に学ばなければならない「見る」です。

❶自然にできる「見る」

　赤ちゃんを見つめる母親のまなざしは、優しく愛情にあふれています。赤ちゃんはまだ言葉がわからないので、周囲の人はまなざしで愛情や優しさを表現します。そして、「わたしの子どもとして産まれてきてくれてありがとう。うちの子どもがいちばんかわいい」と、愛情、優しさ、誇りに思っていることを伝えるまなざしを自然に投げかけています。

　その方法は正面から水平に、近く、長く、見つめるもので、これ

らは赤ちゃんを自分たちと同じ種に属する人として認めるポジティブなまなざしです。これは誰に学ぶことなく、わたしたちは自然と行うことができます。相手とよい関係を結ぼうとするときも同じです。わたしたちは、赤ちゃんをユマニチュードの状態に受け入れるのと同様に、自然なポジティブなまなざしを相手に与えています。

❷後天的に学ばないとできない「見る」

　路上で自分に対して攻撃的だったり好ましくない相手に出会ってしまったときには、人は誰でもその相手を見ないようにします。視野に入れないように顔を背けるのです。これはごく自然な対応です。ケアをする人にも同じことが起きています。

　つばを吐きかけたり、何かを投げつけたり、大声で叫ぶ「攻撃的な人」に、ちゃんと近づいていき、彼らを「見る」ことができているでしょうか？

　人は生まれながらのごく自然な反応として、嫌なもの、怖いものを見ようとはしません。ですから、もしあなたが後天的に「見る」ことについて学んだことがなければ、無意識のうちに、苦手な、攻撃的な相手からは視線をそらしているはずです。

　しかしこれまで述べてきたように、相手を見ない、ということは、「あなたは存在しない」というメッセージを送ることです。人は他者から「見てもらえない」状態では生きていけません。「あなたは存在しない」というメッセージが送られ続ける環境の中では、人は社会的な存在としての「第2の誕生」の機会が奪われてしまうのです。

　したがって、ケアを受ける人に「あなたは、ここにいるのですよ」というメッセージを送り続けることが重要であり、これがユマニ

チュードの原点です。もしあなたが「ケアをする職業人」であり、自分に攻撃的で苦手な人に対しても「あなたはここに存在する」というメッセージを確実に届けたいと思うならば、「見る」ことを後天的に学び直す必要があります。

職業人として「見る」ということ

　職業人として、ケアを受ける人を「見る」ことについて、具体的な場面を想定して考えてみましょう。

- **ベッドに近づく。**
- **ケアする側を選ぶ。**
- **いすに座っている人に近づく。**
- **立っている人に近づく。**
- **食事を介助する。**

　このような場面において、あなたは、相手が自分とアイコンタクトをとりやすい角度をあらかじめ探して、意識的に視線をつかまえるような近づき方をしているでしょうか。
　たとえばベッドに近づくとき、ケアを受ける人の顔がどちらを向いているか確認していますか？　多くの人は、たとえ顔が部屋の扉と反対側を向いていても、扉のほうから近づいていると思います。
　認知機能が低下している場合には、外部からの情報を受け取れる範囲が狭くなっています。情報の入口としての視野も狭くなっている可能性があります。

その結果、ケアをする人が近づいていることに気がつかず、不意をつかれて驚いてしまうのです。ケアを受ける人にとっては唐突に何かが現れたと感じられ、驚いて叫んだり、暴力を振るったりすることがあるかもしれません。**しかし、これはケアをする人への攻撃ではなく、いきなり自分のまわりで起こった出来事に驚いて、自分を守ろうとしている防御なのです。**

　このような事態を防ぐために、ケアをする人は、ケアを受ける人の正面から近づき、その視線をつかみに行くことが重要です。ただ相手の目を見るだけではなく、視線をつかみに行き、つかみ続けるのです。意識して相手の視界の中に入るような動線を描きながら近づき、常に相手の視線をとらえるよう顔を動かします。

文化の問題ではない

「日本人は、相手の目を見ることが苦手ではないでしょうか？」という質問を受けることがあります。

新生児のアイコンタクトに対する反応は、生後2〜5日から確認されています。また、アイコンタクトに関する日本人とフィンランド人との比較研究では、その文化背景にかかわらず、正面からアイコンタクトをとると覚醒度や注意力が高まることが報告されています。認知の機能が低下している場合には、後天的に身につけた文化的背景の影響が徐々に小さくなることを考えると、アイコンタクトを積極的に行わない、という日本の文化の影響はあまり大きくないといえます[*]。

[*] Akechi H et al. Attention to eye contact in the West and East: autonomic responses and evaluative ratings. Plos One.2013;8(3):e59312.

やってみたユマニチュード

わたしたちが食事の介助をするとき、たとえばお茶碗が患者さんの視界の中になければ、スプーンを持っていってもうまくいきません。見えていないから口も開けられないのに、「○○さん、口を開けて」と言われ、次々とスプーンが口の中に押し込まれては、ご本人は怒られているような気分になってしまいますよね。

ですから今では、本人の横ではなく、真正面に座り、わたしと食事がちゃんとご本人の視野に入るようにして、「おいしそうな△△ですね」と言って介助するようにしました。そうすると、食事の量も進みます。

見る技術

自然な対応

▲横からは見えません。

▲上からも見えません。

ユマニチュードの対応

▲正面なら見えます！

▶円背ならば下からのぞいてください。

▲後ろから声をかけても聞こえません。一度追い越してから向き直り、時間をかけて近づくようにします。

❶ 近くまでぐっと寄って視線をつかむ。

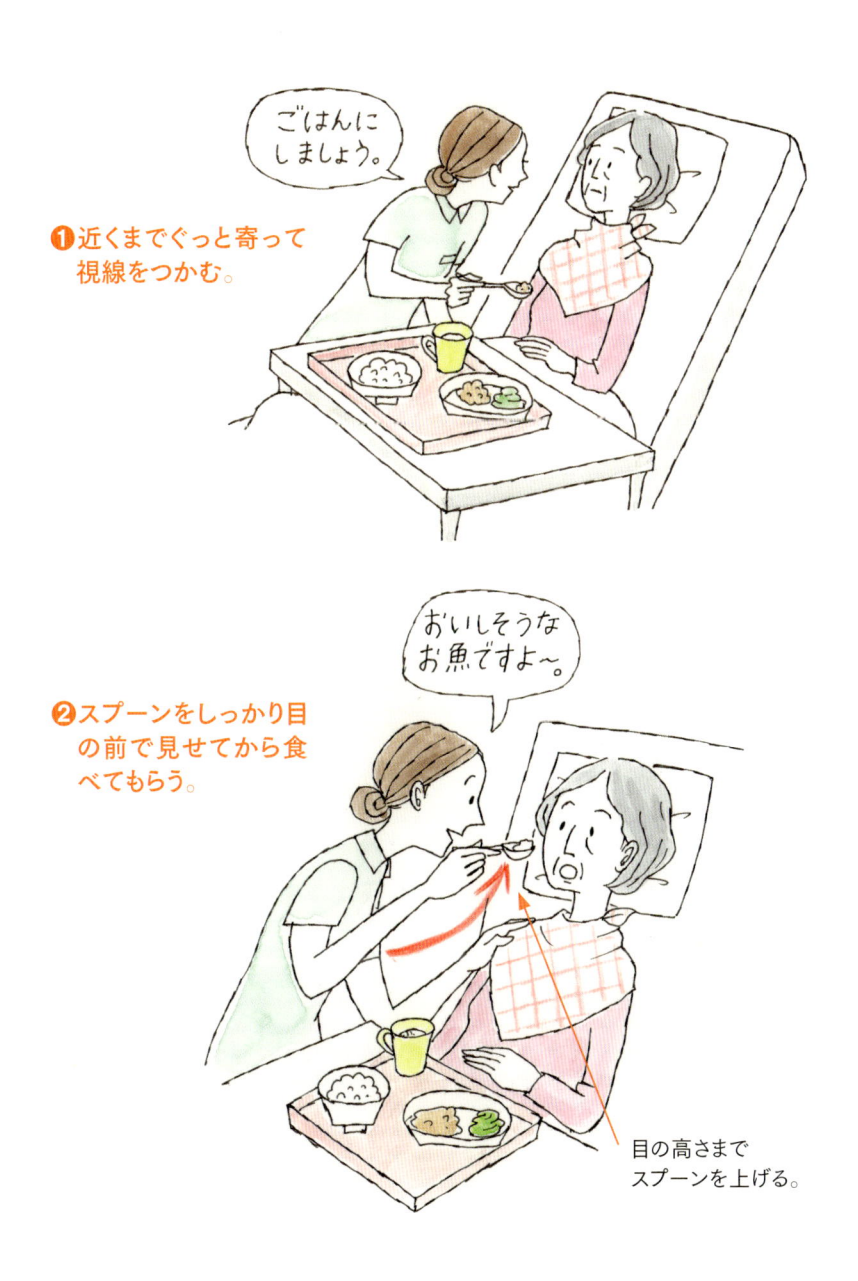

> ごはんにしましょう。

❷ スプーンをしっかり目の前で見せてから食べてもらう。

> おいしそうなお魚ですよ〜。

目の高さまでスプーンを上げる。

ユマニチュードの「見る」

❷ ユマニチュードの「話す」

赤ちゃんにはどう話す？

　次に、ユマニチュードの2本目の柱、「話す」ということについて考えてみましょう。

　人は、赤ちゃんや愛する人にはどのように話しかけるでしょうか？

　「声」のトーンはあくまで優しく、歌うように、穏やかです。口から出る「言葉」は、愛情深く、優しさを込めた、相手の尊厳を認めた表現になるでしょう。人生におけるポジティブな関係、たとえば愛情や友情を伝える場面では、「声」や「言葉」は同じ技術が使われていますね。恋人との会話や、友人への慰めの言葉の伝え方を思い出してみてください。

　それとは逆に、ネガティブな関係ではどうでしょう。たとえば怒りや葛藤を抱えた場面です。おそらく声のトーンは高くなり、叫びに近づき、攻撃的な調子を帯びて、優しい言葉は激しい言葉に取って代わられるでしょう。声も言葉も、相手にとっては傲慢と感じられるようなものばかりかもしれません。

　しかし最も悪いことは、相手を無視して話しかけないことです。これは、「見る」で説明したのと同様に、「あなたは存在していない」というメッセージを発することにほかなりません。

話さない人には話しかけなくていい？

　では、この「話す」という行為は、他者に頼らざるをえない状態になった人々に対してどのように行われているでしょう。認知症、寝たきり、昏睡などの状態に陥った人の身に、何が起こっているのでしょうか。

　長期療養施設の寝たきりの認知症の人に対して、一日のあいだに言語でコミュニケーションが交わされた時間を記録した調査があります。それによると、24時間の調査期間内に本人にかけられた言葉は、時間にして合計120秒にすぎませんでした。

　前節でも引用した認知症で寝たきりの高齢者グレゴリーさんの3日間を観察した記録では、医師が診察に訪れた時間の合計7分間のうち、話しかけたのは1.6秒です。看護師がケアに要した合計時間12分間のうち、話しかけたのは5.4秒でした。食事介助の際に看護師が発した言葉は、たった二言「ごっくん、ごっくん」だけでした。

　この結果についてどう思われるでしょうか。

　グレゴリーさんのような進行した認知症患者には、話しかけても適切な反応がありません。したがって、だんだん話しかけなくなるのは自然なことです。しかし、わたしたちはケアのプロフェッショナルです。「あなたはここにいる」ことを相手に伝え、その社会性を取り戻すために、反応のない人にも話しかけてユマニチュードの「絆」を結ぶことが仕事なのです。

　ではこのような場合、具体的にどのようにすればよいのかを考えていきましょう。

コミュニュケーションの原則

　言語によるメッセージを送ると、通常は受取り手から、言語あるいは非言語による意味のある返答（フィードバック）が返ってきます。これはたとえば言葉による返事であったり、相づちを打ったりする行為です。送り手はこのフィードバックを通して相手が自分を理解してくれていると感じます。それが、次に自分が言葉を発するためのエネルギーになっているといってもいいでしょう。

　言語的なものであれ非言語的なものであれ、こうした意味あるフィードバックがなければ、つまり返事もなく、うなずいてもくれなければ、メッセージの送り手はコミュニケーションをあきらめてしまうのは当然のことです。

　この点を、もう少し考えてみることにしましょう。下のイラストを見てください。

*どうせ聞こえてないだろうし…
聞こえたって返事がないから間がもたないし…
だいいち話そうにも話題がないわ。*

section2　ユマニチュードの４つの柱

このように、たとえば自分の仕事である入浴介助業務はしっかりとやっていても、ケアを受ける人へのまなざしはなく、言葉もかけていないことがよくあります。これはケアする人たちが、「相手が応答してくれないので、こちらも話しかけなくてもいい」という罠に落ちてしまっているのです。

しかし、ケアをする人はケアを受ける人に「あなたはここにいますよ」というメッセージを送らなければなりません。すでに述べたように、フィードバックをくれない人に対して言葉をかけなくなるのは、日常的なコミュニケーションにおいてごく普通のことですが、ケアをする人には何か別の方法が必要になってきます。

オートフィードバック

送り手がコミュニケーションを続けられるように、エネルギーを補給する方法はないでしょうか？ エネルギーを相手からもらえないのであれば、自分でつくり出してみてはどうでしょう。

ケアには、どんな形であれ、その場で行っている行為が必ず存在します。その行為そのものを言葉にしてみたらどうか。ユマニチュードでは「オート（自己）フィードバック」という技法を開発しました。自分たちがいま実施しているケアの内容を「ケアを受ける人へのメッセージ」と考え、その実況中継を行うのです。

そのとき同時に、ポジティブな言葉、つまりケアを受ける人との良好な人間関係を築くための言葉もそこに添えます。

「温かいタオルを持ってきました」「肌がきれいですね」「気持ちいいですか？」といった具合です。

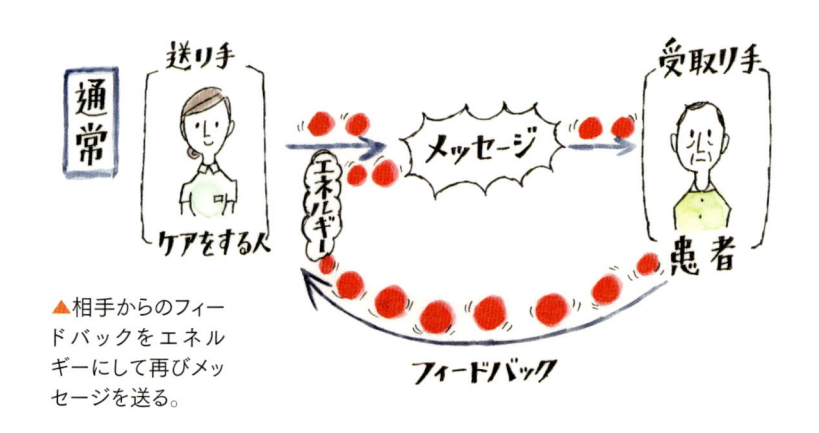

通常　送り手　ケアをする人　メッセージ　エネルギー　受取り手　患者　フィードバック

▲相手からのフィードバックをエネルギーにして再びメッセージを送る。

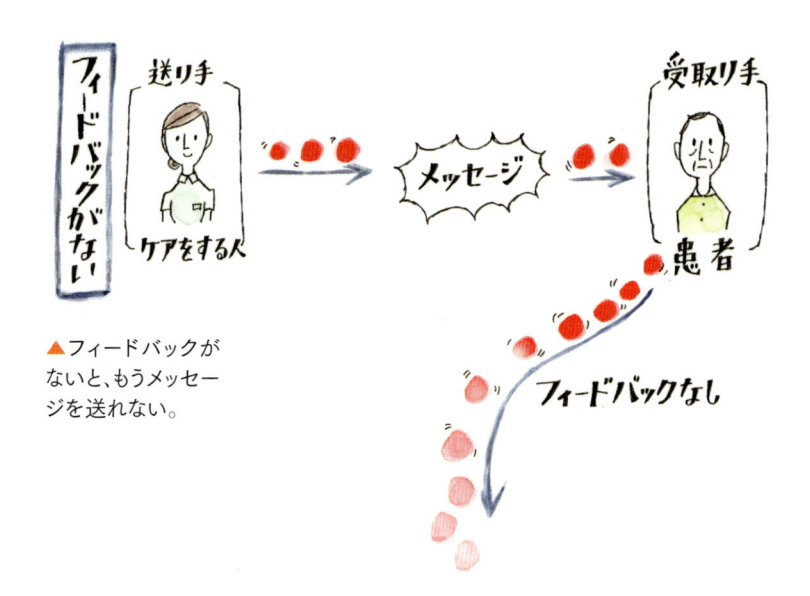

フィードバックがない　送り手　ケアをする人　メッセージ　受取り手　患者　フィードバックなし

▲フィードバックがないと、もうメッセージを送れない。

section2　ユマニチュードの4つの柱

次頁以下に、応答してくれない人に清拭を行う場面をあげました。

反応してくれない人であっても、まず自分で体を動かしてくれるように頼みます。常にポジティブな言葉を加えるのも忘れないでください。

それでも反応してくれないときには、ケアの予告と実況中継（オートフィードバック）を試みます。たとえば腕を洗う場面では61ページのようになります。

オートフィードバックによって、無言になりがちなケアの場に言葉をあふれさせることができます。これによって反応が少ない、あるいは反応してくれない人でも、言葉によるコミュニケーションの時間を7〜8倍に延ばせます。

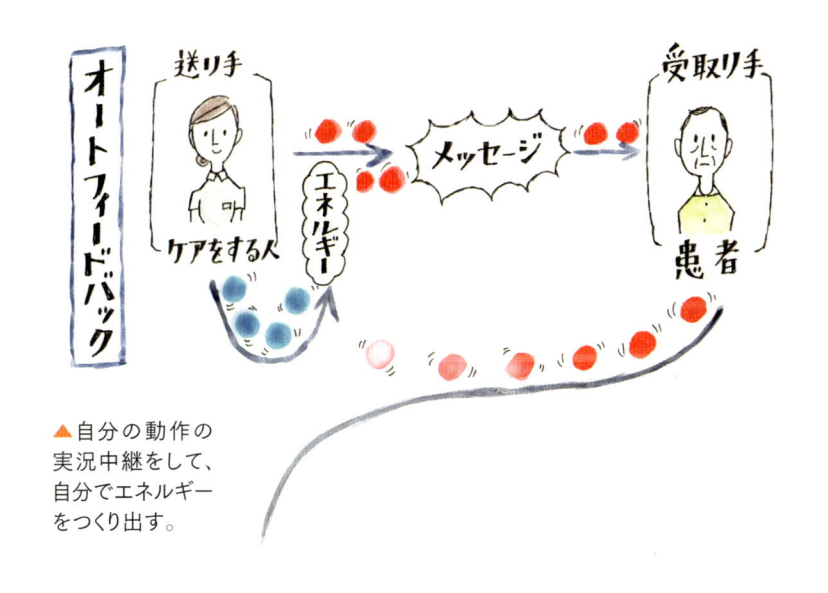

オートフィードバック

送り手／ケアをする人　エネルギー　メッセージ　受取り手／患者

▲自分の動作の実況中継をして、自分でエネルギーをつくり出す。

ユマニチュードの「話す」

反応のない人への アプローチテクニック

❶依頼
❶「右手を上げてください」
　⇒ここで3秒待ちます。
❷もう一度「右手を上げてください」
　⇒再び3秒待ちます。
❸2回目も反応がなければ、言葉を変えてみます。
　⇒「わたしの顔を触ってください」「天井を指さしてみてください」などです。

「右手を上げてください」

↓ 1.2.3...

「右手を上げてください」

↓ 1.2.3...

それでも反応がなければ言葉を変えてみる

「私の顔を触ってください」　「天井を指さしてみてください」

「これから腕を洗いますね。」

「腕を上げます。左腕です。とってもよく腕が伸びていますね!」

「肩から洗いますね。次は手のひらです。」

「あったかくなりましたね。気持ちいいですね。」

「今度は右腕を洗いますね!」

❷予告
「これから腕を洗いますね」

❸実況中継
「腕を上げます。左腕です。とってもよく腕が伸びていますね!」
「肩から洗いますね。次は手のひらです。あったかくなりましたね。気持ちいいですね」
「今度は右腕を洗いますね」

ユマニチュードの「話す」

話す技術

自分が行っているケアの様子を言葉にする。

◀ まずは自分で体を動かしてくれるように頼みます。

section2 ユマニチュードの4つの柱

▲ 常に話しかけ続けます。

▲ 前向きな言葉を用いてください。

ユマニチュードの「話す」

ユマニチュードの「触れる」

広い面積で、ゆっくりと、優しく

　ユマニチュードの3つ目の柱「触れる」ことについて考えてみましょう。「見る」「話す」と同様に、「触れる」ことにもポジティブな触れ方とネガティブな触れ方があります。

　ポジティブな触れ方には、「優しさ」「喜び」「慈愛」、そして「信頼」が込められています。動作としては「広く」「柔らかく」「ゆっくり」「なでるように」「包み込むように」という触れ方です。これらはみな、ケアを受ける人に優しさを伝える技術です。

　逆にネガティブな関係においてはどうでしょう。たとえば「怒り」や「葛藤」をともなう場面です。触り方は「粗暴」で「拙速」になり、接触面積は「小さく」なり、かける圧力は「強く」なって、「急激」な動作で「つかんだり」「引っかいたり」「つねったり」することになるかもしれません。

　赤ちゃんに触れるとき、自分がどんな触れ方をしているか意識したことはあるでしょうか。赤ちゃんは、自分で立って歩くことも、言葉で欲求を伝えることもできない弱い存在です。そのため、わたしたちは知らず知らずのうちに、ある共通した技術を自然に使って触れています。すなわち、広い面積で、ゆっくりと、優しく触れます。これこそが、ユマニチュードで用いる触れ方でもあるのです。

section2　ユマニチュードの4つの柱

ケアの場での「触れる」

　このように「触れる」こともまたポジティブとネガティブという2つの側面をもちますが、ケアの現場ではもうひとつ、当人にとって「不快だけど、触れられることを受け入れなければならない」という局面が出てきます。たとえば婦人科の診察や歯科の治療です。不快ではあるが自分には必要であるという合意のうえで行われる行為がもたらす触れ方です。

　ケアの場面でいえば点滴やおむつ交換などがそれにあたりますが、

散歩ですか？　連行ですか？

　わたしがひとりの女性と一緒にいるとしましょう。その女性が10歳で、わたしと手をつないでいたら「あらっ！　イヴはお嬢さんと散歩しているのね」と一目瞭然ですね。もしふたりが腕を組んでいたら、「奥さんと一緒に歩いている」と思うでしょう。でも手首をつかんで彼女を引っ張って歩いていたらどうでしょうか。

　「あの女性とイヴのあいだには何か問題があるんだな」とか、あるいは「連行されているんだな」と多くの人は思います。

　ケアのときはどうでしょう。なんと清拭をする際には100％手首をつかんで持ってしまっているんです！　そのように手首を持たれたときに、脳に伝わる情報は非常にネガティブなものになります。認知機能が低下した人が「自分は連行されている」と思っても不思議はありません。

ユマニチュードの「触れる」

そのときわたしたちは、ケアを受ける人にどのように触れているでしょうか。

認知機能が低下して点滴の理由が理解できない人には動かないように腕を押さえて点滴を入れる、おむつ交換の必要性が理解できない人には足を強引に広げておむつを交換する、これはケアを行うために必要な触れ方なのだと、ためらいなく行っているかもしれません。

しかし、自分と周囲の状況が理解できないでいる人にとって、これは恐怖や苦痛でしかありません。ケアを行う人が「不快はともなうが、必要な行為である」と考えて行う触れ方が、ケアを受ける人にとっては単に「攻撃的な触れ方」になっているのです。これがケアをする人が陥りやすい落とし穴です。

他者に依存しケアが必要になった人は、快・不快の情動を頼りに生きています。だからこそ、わたしたちはプロフェッショナルとして、意識的に「広く、優しく、ゆっくり」触れる必要があります。

皮膚から伝わる感覚の情報は場所によって違う

「触れる」ということを、脳の情報伝達の面から考えてみましょう。

カナダの脳外科医ペンフィールドは、ヒトの大脳皮質を電気によって刺激し、体の各部位から伝えられる情報とその情報を受け取る大脳の体性感覚野との対応関係を明らかにしました*（次頁上図）。

この結果にもとづいて描かれたペンフィールドの"こびと"（ホムンクルス、次頁下図）は、体の各部分の大きさと、そこからの情報

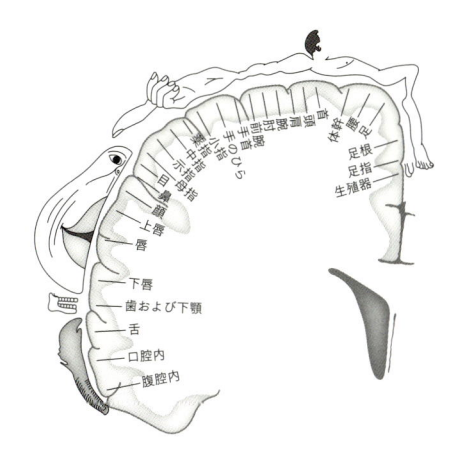

上図は身体の各部位からの情報が感覚皮質のどこに投射されているかを示したもの。唇や顔、手などから入力を受ける感覚皮質の面積は大きく、背中や殿部などから情報を受ける面積は小さい。下図のホムンクルス（こびと）はこれを戯画化したもの。

* Penfield W et al. Somatic motor and sensory representation in the cerebral cortex of man as studied by electrical stimulation. Brain: A Journal of Neurology. 1937; 60(4): 389-443.

を受け取る大脳の体性感覚野の面積の広さとが対応するように描かれています。したがってその体のバランスは、通常の人間の体とは大きく異なっています。

　手や顔、唇からの情報が大脳の体性感覚野に占める割合が大きい一方で、逆に体幹や上下肢からの情報が占める割合は小さくなっています。つまり、同じ力、同じ面積で触れたとしても、それが手や顔である場合には、背中に触れる場合と比較すると、より多くの情報が脳に届いているといえます。

　ですから体に触れるときには常に、触れる場所によって伝わる情報量が異なることを意識しておくことが大切です。たとえば、ケアを行うときにはいきなり顔や手に触れるのではなく、上腕や背中などの部位から触れることで、ケアを受ける人を驚かすことを防ぐことができます。

"つかむこと"が伝えるメッセージ

　「触れる」という行為はすべて意味をともないます。認知機能が低下して状況を理解できない人にとって、「つかまれる」ことがどういう意味をもつかを考えてみましょう。

　わたしたちは日常生活において、相手の手首や足をいきなりつかんだりしません。日常生活で誰かに手首をつかまれるとすれば、それは「どこかに連行される」というような非常にネガティブな状況でしょう。しかしケアを行う際には、何の違和感もなく、相手の手首や足をつかんでいることがあります。

　ケアを行うにあたって、このようなネガティブなメッセージを送

✗ いきなりつかまれると…

◯ つかまないで
下から支える

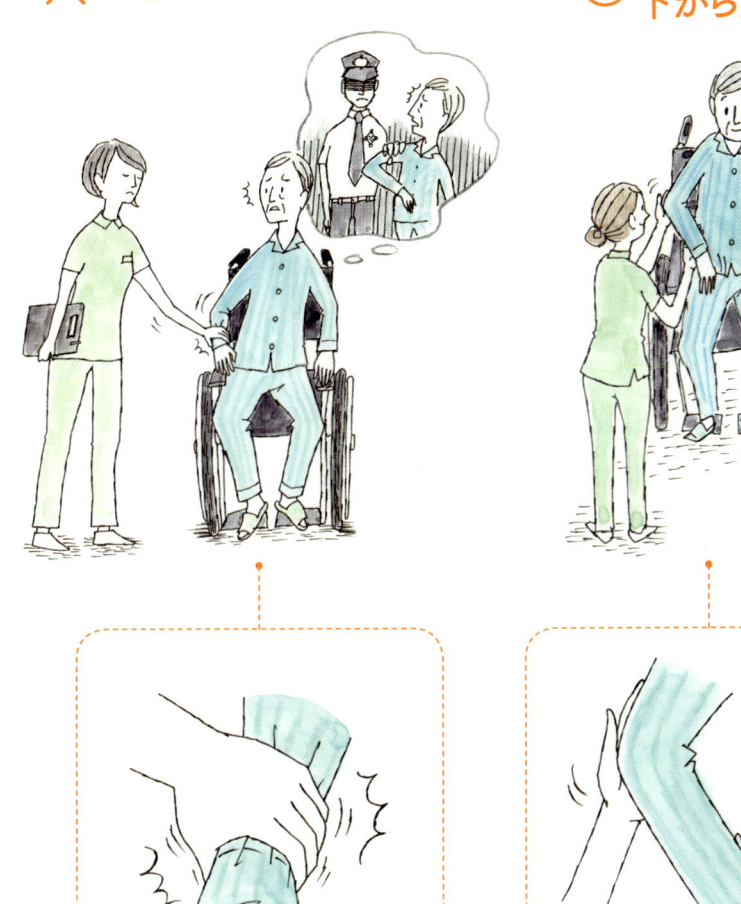

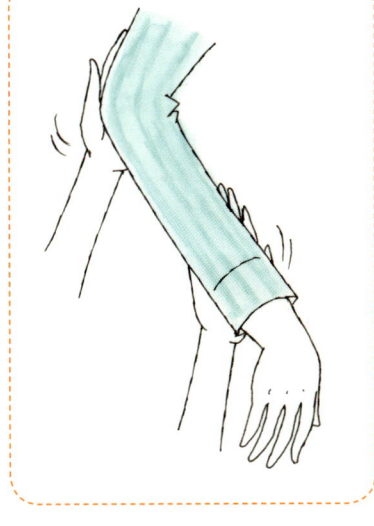

ユマニチュードの「触れる」

らないためには相手をつかまないことが大切です。そうはいっても、ついつかんでしまいがちなので、日ごろのケアにおいては「親指を手のひらにつけて、絶対に使わない」と強く意識することが必要になってきます。

5歳の子の力以上は使わない

次に、触れるときに相手にどの程度の力をかけるか、ということを考えてみます。

同じ力で相手を押すとしても、手のひら全体を使うときと、指先で押すときとでは、単位面積あたりにかかる圧力が違ってきます。ケアをする際には、相手に接する面積をできるだけ広くとれば、同じ力を使っていても単位面積あたりにかかる圧力を小さくすることができます。これにより、ケアを受ける人は痛みを感じることなく、むしろ心地よいという感覚を得ることができるでしょう。

　ゆっくりと優しく自分の手を動かすときに、ぐいっと力を入れることは難しいものです。「広い面積で、ゆっくり、優しく」触れること、これがユマニチュードの「触れる」技術の核心です。

　繰り返しますが、ユマニチュードの「触れる」行為は決して力づくでは行いません。移動に際して10歳の子ども以上の力を使うことはなく、また、体のある部分を動かす際には5歳の子ども以上の力は使いません。

触れる技術

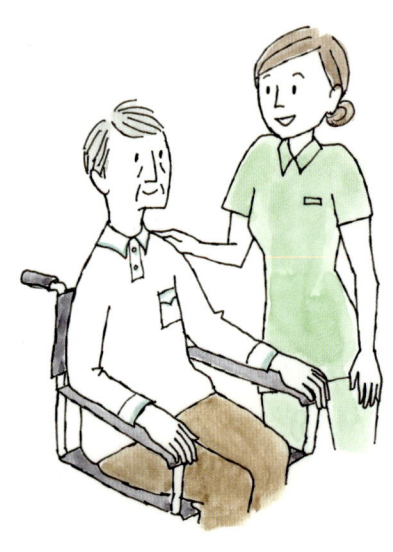

▲「これからあなたにとっていいことをしますよ」というポジティブな雰囲気で。

▲一定の重みをかけて触れます。軽すぎるタッチでは性的な含みをもってしまったり、「触りたくないものに触っているんだ」というニュアンスが醸し出されてしまいます。

▲最初は顔・手・陰部の近くを避けて手を置きましょう。

離陸・着陸のイメージ

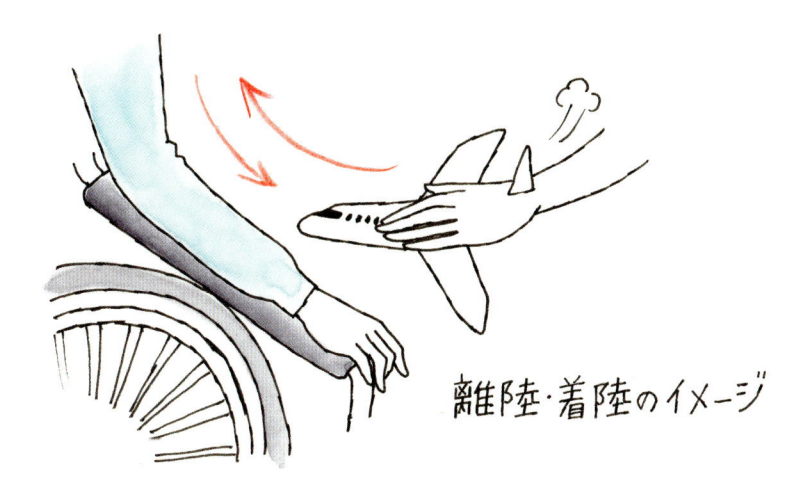

▲触れるときは飛行機が着陸するイメージで。手を放すときは離陸のイメージで。このようにすると皮膚の緊張が解けます。なおケアの最中は、どちらかの手が常に相手に触れていることが理想です。

◀指先だけでなく、手のひら全体で触れましょう。指は閉じず、開きましょう。指を開くことで相手に接する面積をさらに広くすることができます。閉じていると拒否的な感じを与えてしまいます。

ユマニチュードの「触れる」

4 ユマニチュードの「立つ」

　命が誕生して、社会性をもつ人間として生きる基礎を獲得していく。そのとき母親が赤ちゃんに対して無意識に行う自然で前向きな行動、すなわち「見る」「話す」「触れる」の3つの柱がケアにおいても重要であることについてお伝えしてきました。
　最後に、ユマニチュードの4つ目の柱「立つ」ことについて考えてみましょう。

立つことの意味

　子どものころに自分の力だけで立ち上がったこと、それを見ていた親や大人に喜ばれたという記憶は、ポジティブで誇りに満ちた感情記憶です。立つことによって、あなたとわたしが互いに同じ人間であるという意識が芽生えます。また空間認知が育まれ、内なる世界と外側の世界があることを知覚できます。歩くことで移動能力を獲得し、「社会における自己」を認識する関係性を経験し、ひとりの人間であることを認識します。この認識こそが人間の尊厳となります。人間の尊厳は「立つ」ことによってもたらされる側面が強く、これは死の直前まで尊重されなければなりません。
　ここで、寝たきりの高齢の人について考えてみましょう。この人は、いつも見下ろされています。垂直の視線しか受けることのないその状態は、首が座る前の新生児が受ける視線と同じです。そのまま放っておかれれば認知機能は低下して、外側の世界に関心を向け

ることも少なくなり、自分の内側の世界で生きるようになります。

　ケアが必要な高齢の人に対して、赤ちゃんを育てるときのような愛情にあふれた行動を自然にとる本能は、わたしたちには備わっていません。したがって、視線を受けることも、話しかけられることも、触れられることも自然に少なくなっていき、認知機能はますます悪化します。これはある意味で自然なことではありますが、唯一無二の人間として存在する可能性を奪うことでもあるのです。

立つことの生理的メリット

　「立つ」ことは以下のように、多様な組織・器官に対して生理的によい影響を及ぼします。

- 骨・関節系……骨に荷重をかけることで骨粗鬆症を防ぐ。
- 骨格筋系………立位のための筋肉を使うことで、筋力の低下を防ぐ。
- 循環器系………血液の循環状態を改善する。
- 呼吸器系………肺の容積を増やすことができる。

多くの場合、歩けないのは医原性

　現在病院や高齢者施設で寝たきりになっている人は、17ページ以降で述べた「レベルに応じたケア」を受けていたならば、今でも立つことができたかもしれません。その人の能力を生かさないケア

によって歩けなくなっているのだとしたら、それは医原性といってもいいでしょう。高齢者が寝たきりになるには、3日から3週間もあれば十分です。

　ケアが必要な高齢の人には、あえて一日20分間程度、立って歩く機会をつくる必要があります。これまで述べてきたように、本来は立つことができるのに、寝たままのケアを受けている人は多くいます。この寝たままで行っている保清の時間を、立つ時間に変えてみたらどうでしょう。ケアを受ける人は、毎日何らかの保清ケアを受けています。立って保清をする方法に変えることで、立位のための時間をわざわざ捻出する必要はなくなります。

一日20分、立位でのケアを

　もしケアを受ける人が40秒間立っていることができるのであれば、その時間を有効に使うことができます。たとえば40秒あれば、背中、上肢、下肢などを清拭できます。ケアを受ける人に立ってもらって体の一部の清拭を行い、次にベッドもしくはベッドのわきに置いたいすに座ってもらって別の部位を拭く。そして再び立ってもらい清拭を行う。このように立位と座位を組み合わせることによって、「立位を含んだケア」が可能になります。

　一日に行うケアには、着替え、歯磨き、洗面、清拭などがありますが、それぞれの時間を合計すれば、**リハビリテーションとして独立した時間をとらなくても一日に20分間程度立位を含めた時間を確保することができます**。このように立位を保持する時間をとることができれば、その人が寝たきりなることを防げるのです。

その人を観察し、保清だけでなくその人の日常的な生活行動に「いかに立位を組み込めるか」を考えることが、ケアをするわたしたちの仕事です。ケアを受ける人が立って歩く機会をつくり、「自分は立って歩けるんだ」と認識してもらうことは、その人に人間としての自信と誇りを取り戻してもらう、これ以上ないきっかけとなります。

> ### 何のために歩くのか
>
> 　フランスのある施設で、「全然歩けない」と言われている人になんとか歩いてもらおうとしていた午後のことでした。ご本人には十分な脚力があるのですが、どうしても歩いてもらうことができません。
> 　そこに夜勤のスタッフが通りかかり「何をしているの？」と尋ねてきました。
> 　「ジャン＝フランソワに、なんとか歩いていただけないか、とお願いしているところなんですよ」
> 　「え？　ジャン＝フランソワは歩けますよ」
> 　そう言って彼女はジャン＝フランソワの前に立つと、スカートを少し持ち上げて膝の上を少し見せました。
> 　「さあ、ジャン＝フランソワ、付いてきて」
> 　驚いたことに、ジャン＝フランソワはすたすたと歩きはじめました。
> 　この行いがよいかどうかは別にして（笑）、技術だけを信じてはいけません。誰のために？　何のために？　どこに向かって？……目的がなければ人は歩くことはできないのです。

脳に誤情報を与えないこと

　人が立つことができるのは、足の裏で得た体の自重やバランスに関する知覚情報が脳に伝達され、筋肉や関節の動きに関する指令が脳から出ているからです。

　立位介助をするときにその人の体を持ち上げてしまうと、足の裏が支える自分の体重が減ってしまいます。そうすると大脳に送られる知覚情報は、本来の体重よりも少ないものとなってしまい、「どのように筋肉に力を入れ、関節を動かせばよいのか」という指令を出す脳が混乱します。つまりこれは不適切な介助です。なぜなら、かえって脳が必要とする知覚情報を本人から奪ってしまうからです。

　まず体を持ち上げないこと、そしてケアを受ける人に「体を持っていますよ」と言わないことが重要です。本人が自分の力を最大限に使うように仕向けるのです。また、背中を支えることも「背もたれがある」という情報を本人に与えてしまい、それに頼ってしまうこともあるので、できるだけ背中には触れないようにします。

　このように、ケアをする人が自然に助けてしまうことが、本人が立つため、歩くために必要な知覚情報を奪うことになるのです。本人の行動に必要な知覚情報を奪わない介助の方法を学ぶ必要があります。

パーキンソン病の佐藤さんの場合

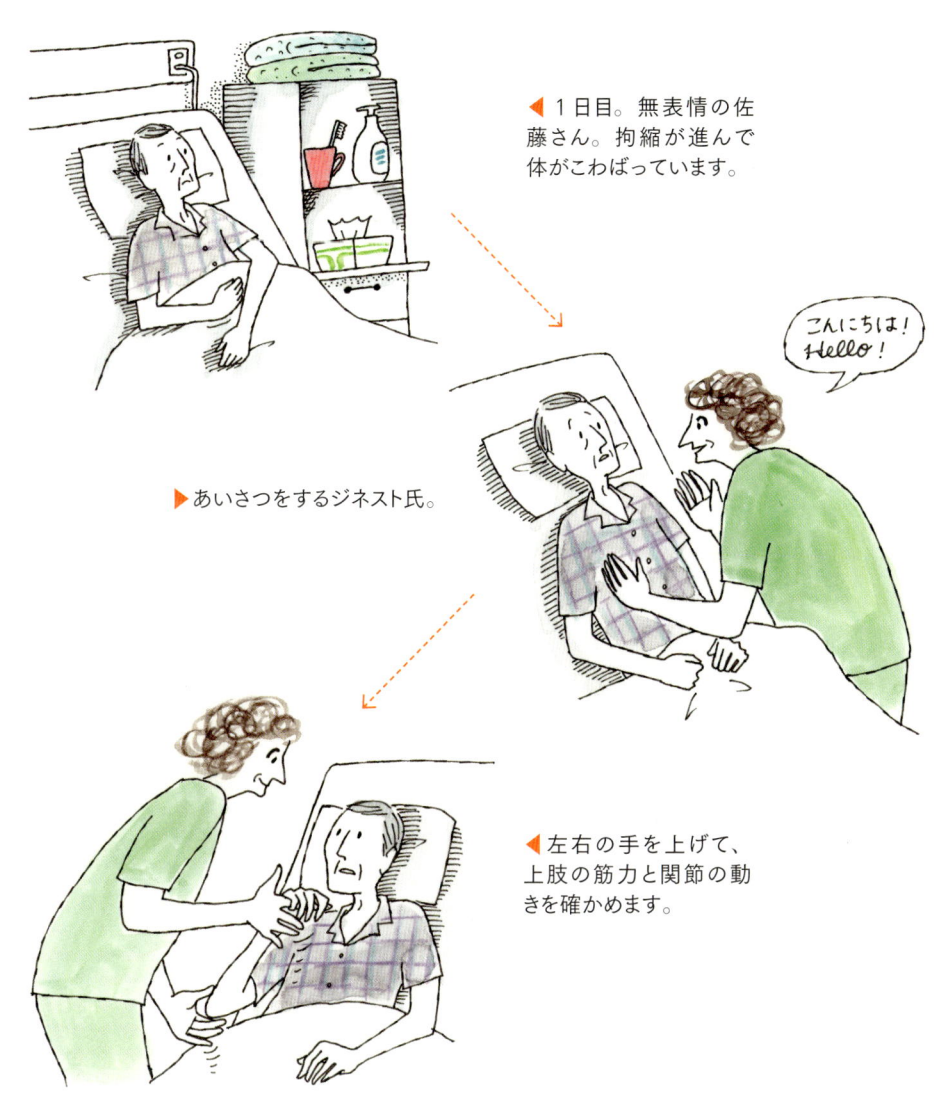

◀ 1日目。無表情の佐藤さん。拘縮が進んで体がこわばっています。

▶ あいさつをするジネスト氏。

「こんにちは！Hello！」

◀ 左右の手を上げて、上肢の筋力と関節の動きを確かめます。

ユマニチュードの「立つ」

OK〜♪

◀ 左右の足を上げて、立位が可能かどうか脚力を確かめます。

▶ 慎重に動きを見ながら立ってもらいます。

section2　ユマニチュードの4つの柱

◀ 40秒立っていられれば、立位でケアができます。

「40秒立っていられれば立位のケアができる!」

1.2.3.4……38.39.40!

①　②
①　②

▶ 介助されながら歩行練習。歩く記憶を取り戻してもらいます。

気持ちいいですねぇ

富士山きれいですねー!

▲ 立ったままシャワー浴を15分間行います（「佐藤さんは立つ人になった」とジネスト氏）。

▲ 4日目。介助なしで廊下を歩き、病院の窓から富士山を眺めることができました（「Oh! フジヤマ療法!!」）。

ユマニチュードの「立つ」

081

立たせる技術

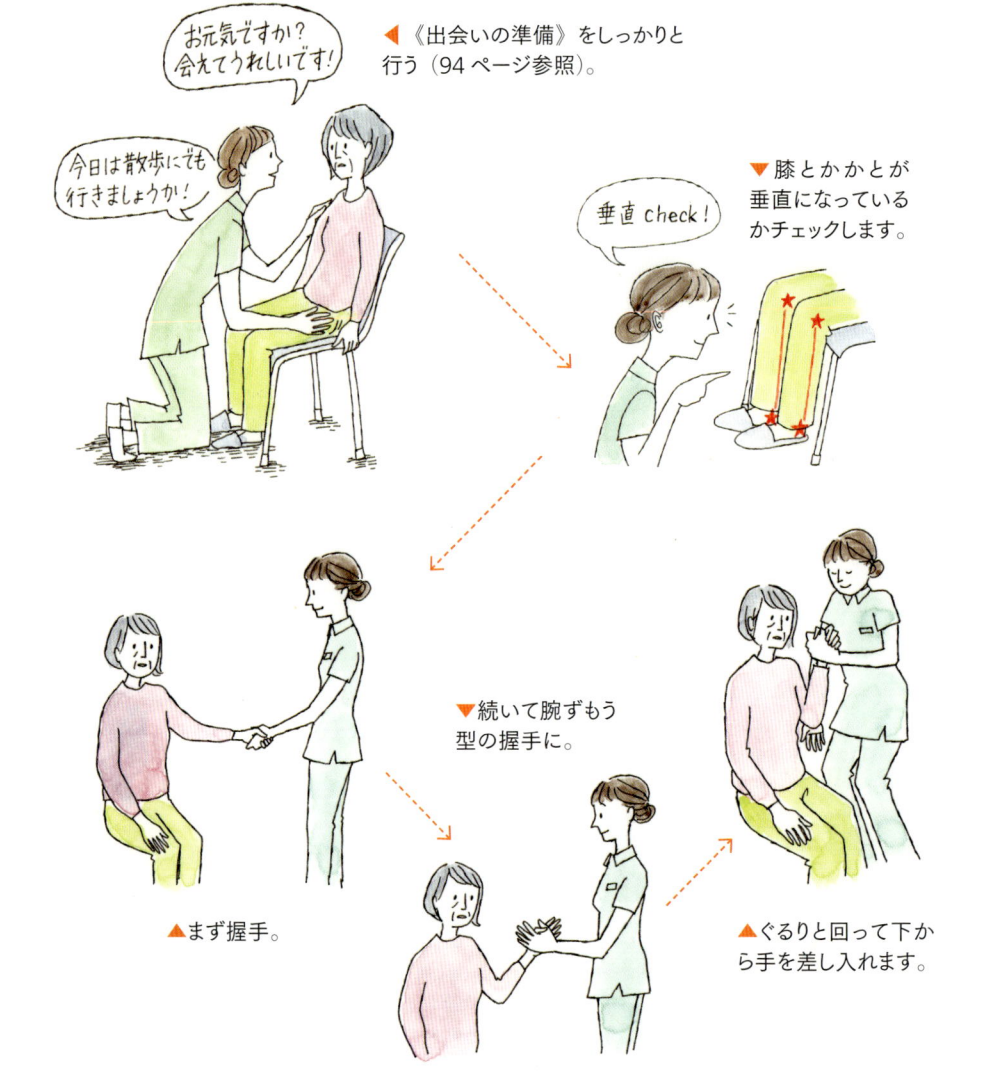

「お元気ですか？会えてうれしいです！」
「今日は散歩にでも行きましょうか！」

◀ 《出会いの準備》をしっかりと行う（94ページ参照）。

「垂直check！」

▼ 膝とかかとが垂直になっているかチェックします。

▼ 続いて腕ずもう型の握手に。

▲ まず握手。

▲ ぐるりと回って下から手を差し入れます。

section2　ユマニチュードの4つの柱

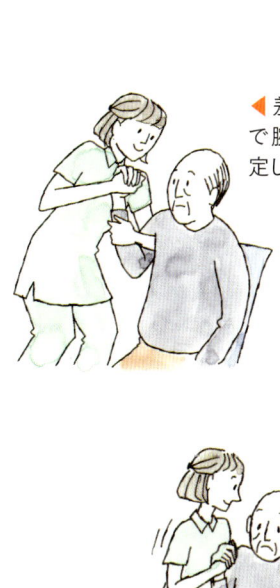

◀差し入れた手で腕を曲げて固定します。

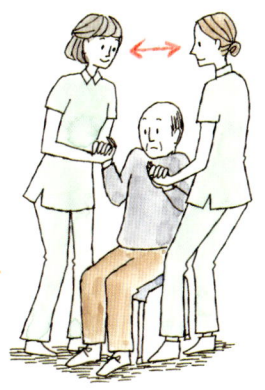

◀介助者はお互いに向き合う姿勢になります。

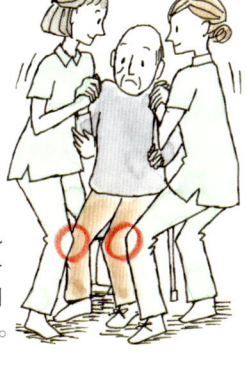

▶膝が前に崩れないように、介助者の膝の内側でしっかりロック。

▶お辞儀のような前傾姿勢をとってもらいます。絶対に持ち上げてはいけません！

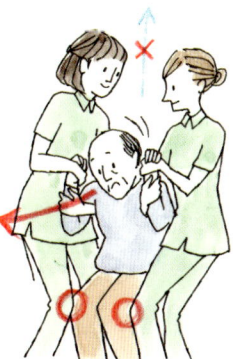

◀介助者はお互いに向き合ったまま歩きます（進行方向に体を開かない）。

◀ゆっくりすぎないことがポイント！

5 人間の「第3の誕生」

人間らしい世界に迎えられなかった子どもは？

　人間は誰に教わるでもなく、新生児と"人間らしい"関係を結ぶことができます。何百万年も前から、そうした人間としての特性を培ってきたからです。では、人間らしい世界に迎え入れてもらえなかった子どもたちはどうなるのでしょう？　死んでしまうか、知的退行状態に陥ります。

　ルーマニアの共産党政権崩壊後に見つかった、ある孤児院の例を紹介しましょう。

　その孤児院では60人の子どもに対し、面倒をみるスタッフは1人だけしかいませんでした。みな正常に生まれてきた子どもたちでしたが、見つめられることも、話しかけられることも、なでられることもなくそこで長く暮らすうちに、いわば知覚遮断状態に陥り、全員が自閉症のような症状を呈するようになりました。

　当初、その孤児院を訪れたフランスの医師たちは、「子どもたちは全員が自閉症である」との説明を受けました。しかし、その子どもたちがフランスの家庭に養子として迎えられ、家庭生活を送るようになると、自閉症のような症状は徐々に消えていきました。つまりこれが、「人間性を認め合う世界」に迎えられなかったときに起こる、後天的な要素が生んだ結果です。

section2　ユマニチュードの4つの柱

知覚遮断状態の高齢者

　周囲から優しく見つめられたり、話しかけられたり、触れられることのない高齢者は、このルーマニアの孤児院の子どもたちのように知覚遮断状態におかれていると考えることができます。

　寝たきりだからしょうがない、病気が進んでしまったのだからしょうがないのでしょうか。いいえ、そうではありません。順序が逆なのです。知覚遮断状態におかれた結果、彼らはいわば"疑似自閉症"の人のように振る舞うようになったのです。

　人間らしい世界から疎外され、人として扱ってもらえなければ、その人たちは自分を守るために戦うしかありません。叫んだり、周囲にあるものを叩いたりするか、もしくはすべてをあきらめて閉じこもり、目を開けることも、言葉を発することもなくなります。

　いわゆる問題行動や、低活動状態の高齢者が生まれる原因は、ケアをするわたしたちの側にあるのです。

フライデーはどこにいる

　小説『ロビンソン・クルーソー』の主人公は、無人島でひとりで暮らすうちに徐々に人間らしさを失い、獣のような存在になってしまいます。しかし30年近くたったある日、フライデーと出会うことで、人間の世界に戻ってくることができました。

　「第1の誕生」で動物として生まれ、「第2の誕生」によって人間としての社会性を身につけた後、無人島での孤独な生活を長く続け

ることになったために、ロビンソン・クルーソーは第2の誕生で得たその社会性を失い、動物のように暮らしていました。しかし、フライデーというもうひとりの人間と出会うことで、再び社会性を取り戻し、人の世界への帰還を果たします。この瞬間を、ユマニチュードでは「第3の誕生」と呼んでいます。

　周囲から見つめられることも、話しかけられることも、触れられることもなくなった人は、無人島で孤独な生活を送っているロビンソン・クルーソーと同じです。そして彼と同じように、第2の誕生で身につけた社会性を喪失しています。

　歴史上、人は初めて高齢者のケアを行う事態に直面しています。第2の誕生で身につけた社会性を失ってしまっている高齢者が再び人の世界へ戻ってくる、つまり第3の誕生を迎えるためには、フライデーの登場が待たれています。

　ケアをするわたしたちが、フライデーになるのです。第3の誕生をもたらすために、ケアをする人たちはそのための技術を身につける必要があります。その具体的な内容を本書では紹介してきました。

　もちろんこれは容易なことではありません。ケアの実践は、試行錯誤の積み重ねでもあります。これまでの仕事の文化や方法も変えなければならなくなるかもません。しかし、この変革を成し遂げることで、ケアを受ける人、ケアを行う人双方が、質の高い、充足した時間を過ごすことができるようになる、とわたしたちは確信しています。

◀ ロビンソンが孤島に流れ着いた。

▼ 30年近くの歳月が過ぎ、野生化するロビンソン。第2の誕生で身につけた社会性を失う。

◀ フライデーに出会ってロビンソンは社会性を取り戻し、人間に戻った。第3の誕生！

人間の「第3の誕生」

Section3
心をつかむ5つのステップ

責めるのではなく、変えればいい

　ユマニチュードにもとづくケアを行った結果、ケアを受ける人の態度が穏やかに変化することがよくあります。そんなとき、懸命に日々のケアに取り組んできたわたしたちは「今まで何をやっていたのか！」と衝撃を受けるかもしれません。
　でも、自分を責めないでください。
　ユマニチュードは、「ケアが必要な人を支える」ことを基盤にして発展してきましたが、同時に「ケアをする人を支える」方法も探求してきました。これまで頑張ってケアを実践してきた人たちの負担が減り、やりがいや満足感を得ることもこの技法の重要な目標です。
　ケアを懸命に行っている人には、まず観察から始めていただきたいと思います。これまでのケアが非難されているのではなく、「よかれと思って行っていたことが、実は認知機能が低下した人にはうまく伝わっていなかったのかもしれない」と観察を通じて気づくことが、別のやり方を検討する契機となります。「別のやり方を試してみよう！」と思ったとき、あなたはすでにケアの方向性を変える第一歩を踏み出しています。

よかれと思ったことが……

　ケアをする人はよかれと思って行ったのに、認知機能が低下した人がそれをネガティブに感じてしまう。それはどのようなときでしょ

うか。

　たとえば、清潔にすることを重視してお風呂に入ってもらいたいとき、訪室するなり「○○さん、お風呂に入りましょう！」と声をかけていませんか？

　事前に"やるべきこと"が決まっていて、それを実行しに来たという雰囲気が強調されすぎると、もともと入浴が嫌だと思っている人は威圧的・強制的に感じ、さらに強い拒否反応を示す可能性があります。

マナーとして当たり前のこと

　友人宅を訪問するときのことを考えてみましょう。

　あなたは夕食に招待されて友人の家を訪ねるところです。インターホンを押すか、トントントンとドアを叩いて来訪を知らせます。少し待って、ドアが開きました。そこでいきなり「夕飯はなに？」とは言いませんね。

　出てきた友人とあいさつを交わします。家の中に入れてもらい、会話が始まるかもしれません。食事を出してもらうのはそうした行為の後のことです。そして帰りには、招いてもらったことや食事をごちそうになったことについて相手に感謝し、ひょっとすると次回また会う約束をして別れるかもしれません。

　ユマニチュードを用いてケアを行う場合も同じステップを経ます。つまり、友人の家を訪問して楽しい時間を過ごすように、認知機能が低下した人に対しても楽しいかかわりをもてるよう、手順を踏んだアプローチを行います。

section3　心をつかむ5つのステップ

わたしたちはしばしば"認知機能の低下がかなり進行しているから、言ったってわからないだろう"と思ってしまいます。しかし逆に、認知機能が低下した人にこそ、ふだん日常的に行っている常識的なかかわり方が大切なのです。

出会いから別れまでの5つのステップ

ケアをする人の存在に気づいてもらい、"この人とはよい時間を過ごせる"と感じてもらうための効果的なアプローチがあります。もちろん成功率は100%ではありません。しかし、認知症と診断された方の多くがケアを穏やかに受け入れるようになり、とくに向精神薬の使用量が減少したことが報告されています。

このアプローチでは、ケアを始める前から終わった後までを次の5段階に分け、それぞれのステップで行うことを具体的に定めています。

1　出会いの準備
2　ケアの準備
3　知覚の連結
4　感情の固定
5　再会の約束

以下、順を追って説明していきましょう。

第1のステップ　出会いの準備

　第1のステップである《出会いの準備》から始めましょう。自分が来たことを知らせ、"ケアの予告"をするプロセスです。
　自分の来訪を、まず扉をノックすることで相手に知らせます。具体的には次の手順で行います。

❶ 3回ノック。
❷ 3秒待つ。
❸ 3回ノック。
❹ 3秒待つ。
❺ 1回ノックしてから部屋に入る。
❻ ベッドボードをノックする。

　まず3回ノックします。トントントン。3秒待ちます。再び3回ノックします。3秒待ちます。反応がなくとも実は聞こえている場合も少なくありません。
　2回目のトントントンで待ってみて反応がなければ、最後にもう一度ノックして中に入ります。最後のノックにも反応がないときは、「失礼します」と声をかけて入室し、ベッドに近づいたら足元のベッドボードを1回ノックします。
　「わたしはノックして入室しています」という方もいらっしゃると思います。**でも、ノックをしても、返事を待たずにさっと入ることはないでしょうか？**
　相手の反応を待たずに近づいていき、いきなり「はい、体を拭き

ますよ」と大きな声をかけることは、友人の家を訪ねるときに、インターホンも鳴らさずにドアを開けて、あいさつもせずに「夕食はなに？」と言うのと同じくらい唐突で失礼なことです。

　相手がケアに同意していないのに突然布団をめくってしまっては、認知機能が低下している人は驚き、おびえ、ケアに対する拒否につながる可能性があります。

なぜノックをするのか？

　このステップ1について、多くの方が「そこまでしつこくノックしなくても……」と思われることでしょう。しかし、何回もノックを繰り返すこの過程は、相手の覚醒水準を徐々に高める効果をもっています。

　自分が眠っているときを想像してみてください。トントントンという音がしました。まだ頭は眠っているのですが、意識が少し働きはじめます。またトントントンという音がしました。"誰か来たかも"と眠い頭で考えます。そしてトンと音がしてから「失礼します」と声がすると、"あ、やっぱり誰か来たんだ"と思い、目を開きます。

　ところが、しっかり熟睡しているところで、1回だけノックの音がして、まだ十分に起きていないのに、枕元で「〇〇さん、起きてください！」と大きな声で叫ばれたらどうでしょう？　これでは誰もが驚きますし、イライラしてしまうかもしれません。

　ましてや、覚醒水準が低い状態にある人や、覚醒していても認知機能が低下している状態の人の場合には、状況をとっさに理解する

ことが難しいため、不快なかかわりのみに意識が集中してしまう可能性があります。**もちろん1回目のノックで返事があれば、2回目以降のノックは不要です。**

自分が来たことを告げて反応を待つ

　日本では、病院や施設にはまだ大部屋が多くありますし、ノックの習慣はあまりないと考える方もいらっしゃるかもしれません。しかし認知機能が大幅に低下したときには、わたしたちが後天的に身につけた文化的影響は薄れていきます。そのため、覚醒水準を徐々に高めてから話しかけるという技術が重要になります。

　ケアをする側がノックすることを気恥ずかしく感じたり、ほかの人もいる大部屋で、ひとりのためにノックするのが難しいという場合には、カーテンを開ける前に名前を呼んで3秒待ったり、足元の

やってみたユマニチュード

　ユマニチュードでは、ノックをして、患者さんの反応があったことを確認して部屋に入ります。そこから関係づくりが始まると学びました。わたしはそれまでノックはしていましたが、患者さんの反応を待たずにお部屋に入ったこともありました。ユマニチュードの研修を受けてからは、ノックをして、もし反応がなくても、もう一度ノックをします。そうして待っていると、「はい」と返事があったり、言葉を発するのが難しい方も、ドア側を向いて反応してくださっていることがあり、そのことにまず驚きました。

ベッドボードをノックするなど、別の方法でも構いません。

　大切なのは、「自分が来たことを告げて相手の反応を待つ」ことを繰り返し、徐々にケアする人の存在に気づいてもらうことです。声をかけるとき、つまり出会いのときに相手を驚かせないことを忘れないでください。

　車いすに座ったままウトウトしている人の場合には、車いすの横にあるボードをノックしてから声をかけてみてください。

出会いの準備

3回ノック

3回

3秒

3回ノック

3回

1回ノック

3秒

1回

こんにちは！
〇さん。

section3　心をつかむ5つのステップ

大部屋の場合

◀ ノックをしないで声をかける。

○さーん。

◀ 壁をノックする。

◀ 足下のボードをノックする。

第1のステップ—出会いの準備

第 2 のステップ　ケアの準備

　第 2 のステップは、ケアについて合意を得るプロセスです。
　所要時間は 20 秒〜 3 分です。これまでのユマニチュードの実践の経験では、およそ 90％は 40 秒以内で終わっています。つまり、面倒なようでも、とても短い時間しかかかりません。
　ユマニチュードのこの技術を用いることで、攻撃的で破壊的な動作・行動を 83％減らせたという報告があります[*]。実際に日本で、日本人のスタッフが実施してみても、この段階ですでに本人の反応が異なることを数多く体験しています。どんなに業務が忙しくても、40 秒程度ならその時間を捻出することはそれほど難しくないはずです。

合意が得られなければ、あきらめる

　ここで大切なことは、3 分以上このプロセスに時間をかけないということです。3 分以内に合意を得られなければ、そのときはケアすることをあきらめていったん出直します。30 分後に戻ってきてもよいかもしれませんが、あまりに拒否が強い場合には午前に声をかけたら次の声がけは午後にします。このように、拒否の程度に合わせて、第 1 のステップである《出会いの準備》を再び行う時間を

---

[*] Delmas C. Are difficulties caring for patients with Alzheimer's disease becoming an opportunity to prescribe well-being with the Gineste Marescotti care methodology?. European Union Geriatric Society annual meeting 2013.

設定する必要があります。

　合意のないまま行うケアは、「強制ケア」になってしまいます。「強制ケアを行わない」ことは、ユマニチュードの基本理念です。たとえそれが「ケアする人が相手のためを思って必要と考えるケア」であったとしても、強制的な印象をもたせたままケアを実行してはいけません。

時間がない？

　時間を捻出することは、万国共通の永遠の課題です。もし勤務しているスタッフが1人しかいなければ「人手不足でユマニチュードは実践できません」と言われてしまうでしょう。2人配置されているところに行っても、答えは同じです。3人いたとしても「わたしたちにそんな時間があると思いますか？」と。

　しかし誰しも忙しいのです。だからこう考えるべきではないでしょうか。時間がないことが問題なのではなく、その時間内にどんな行為を"選択"しているかが問題なのだと。

　患者さんと一緒に歩く時間はない。はい、わかりました。でもパソコンに向かう時間はあるわけですね。ベッドサイドを整頓したりテーブルを拭く時間はあるんですね。わたしがもし自分の父のケアをお願いするとしたら、こう言うでしょう。「とにかく歩かせてほしい」と。テーブルは汚くてもいいから歩かせてほしい。

　つまりこれは選択の問題であり、ケアの優先順位の問題なのです。選択には常にリスクがともないます。リスクをとることを許さない社会であってはならないとわたしは思います。

ケアを受ける人が、ケアをする人たちに対してよくない印象をもっていたとします。そのままケアを始めて、互いに満足の得られる結果になることはありえません。ケアを行う前には必ずよい関係をつくることが大切で、合意が得られなければ、いったんあきらめてその場を後にするべきです。
　実践の場では時間に追われ、この「あきらめる能力」を発揮するのはなかなか難しいでしょう。しかし、"あきらめる"というとマイナスの印象があるかもしれませんが、わたしたちが「今ケアをすること」をあきらめ、次の機会を待つことは、本人の意志を尊重す

やってみたユマニチュード

　ユマニチュードで強調されるのは、「ご本人が嫌がったときは、絶対に引く」ということです。ケア準備の段階で、ケアできるようにいろいろな声がけをして努力はします。ただ、いつでもケアする人の意図や都合に合わせて、患者さんが同意してくれるわけではありません。同意を3分以内に得られないときには、「そうですか。それではまた今度うかがいますね」と引きます。
　今までは、ケアする人が体を拭くと決めたら、何が何でも拭いてしまっていました。後に回すと業務の流れに不都合が生じてしまうからです。そのようにわたしたちの都合を優先してしまっている状況の中では、ご本人が嫌がっていても、つい、ちょっと強めにかかわってしまって、いよいよ拒否を強めてしまうという悪循環に入っている面があったと思います。これでは「この人はわたしの言うことをまったく聞いてくれない人」と認識されて、顔を見ただけで拒否されるようになっても当然だと思います。

ることにほかなりません。「**あきらめる能力**」を発揮するためには、ケアをする人に勇気が必要ですし、それを理解する組織の力も求められます。

　認知機能が低下した人に、"嫌なことが起こらなくて、よかった"と感じてもらえれば、緊張感がやわらぎます。同意を得られない場合には、このようにして少し緊張感をやわらげてから第5のステップ《再会の約束》（130ページ参照）に移り、後でもう一度試みるときに備えます。

「あなたに会いに来た」というメッセージ

　《ケアの準備》には多くの時間をかけないことを述べてきましたが、ここで具体的に何を行うかについて説明しましょう。

　《出会いの準備》の後、すぐに「○○さん、お風呂ですよ」などと、自分がこれから行おうとしていることをいきなり申し出てしまいがちです。しかし、ユマニチュードではまず「○○です。お話をしに来ました。ご一緒してよろしいですか？」などと、"あなたと話をしに来た""あなたに会いに来た"というメッセージを伝えます。

　もちろん、ここではユマニチュードの「見る」「話す」の技術を存分に使い、笑顔で、やわらかいトーンで話しかけます。**認知機能がかなり低下している人の場合には、大げさなくらいの笑顔と声がけになることもあります**。ユマニチュードを知らない他のスタッフからは、「大げさすぎる」「不自然」と批判されることがあるかもしれません。でも、「相手の認知機能の程度に合わせた態度をとること」はプロの技として必要なのです。

嫌がる言葉は使わない

　認知機能の程度に合わせた笑顔と話しかけ方で、義務として仕事のために近づいてきたのではなく、あくまでも"あなたに関心があって来た"ということを強調します。

　そうすることで、認知機能が低下した人に"この人は自分のことを気にかけてくれているんだ"と感じてもらい、緊張感をほぐすことができます。そして、「きのう、背中が痛いっておっしゃってましたから背中のマッサージでもしましょうか」といったように相手をいたわっていることを強調しつつ、徐々にケアに移っていきます。

　嫌がる言葉は使わないように配慮します。できるだけ嫌なことを連想させない言葉を選ぶようにしましょう。たとえば「入浴」という言葉に拒絶反応を示す人の場合には、「入浴」のかわりに「さっぱりしましょうか」と言うことで、ケアの了承を得られることがあります。

　また、わたしたちがユマニチュードの研修を行っている病院には、富士山がよく見える場所があります。歩くことを拒否した人に、「今日は富士山がとてもきれいでした。ご一緒に見れたらうれしいなと思ってお誘いに来ました。すぐそこの廊下から見えるんですよ。見に行きませんか？」などと誘うことで、歩行の時間を得ることもあります。

✕ 悪い例

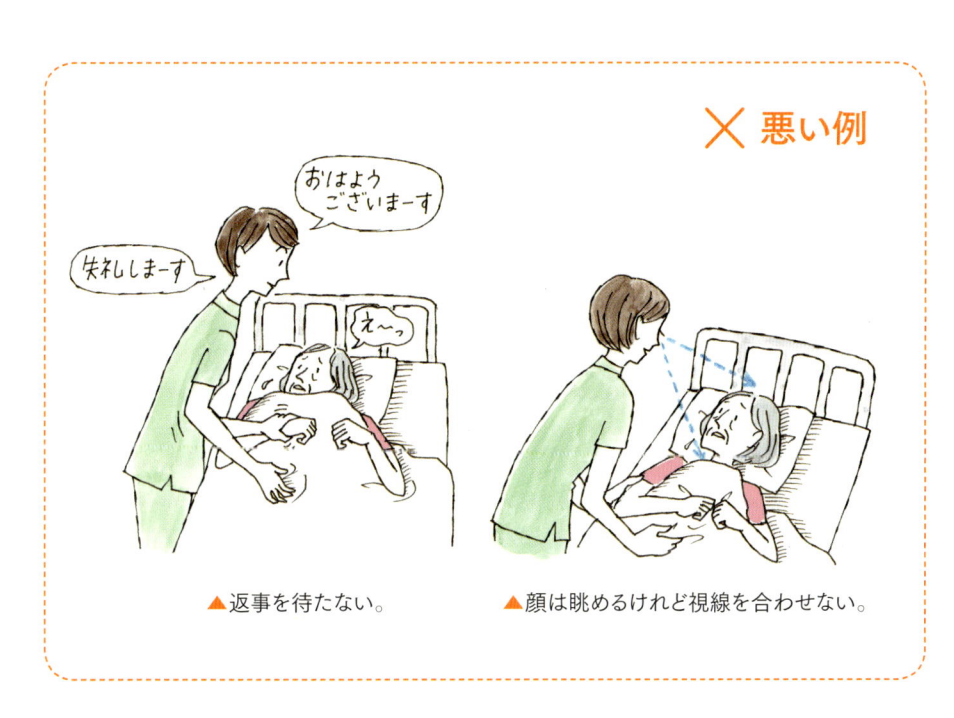

「失礼しまーす」
「おはようございまーす」
「え〜っ」

▲返事を待たない。

▲顔は眺めるけれど視線を合わせない。

○ よい例

「きのう背中が痛いっておっしゃってましたから背中のマッサージでもしましょう!」

「私を気にかけてくれている…」

第2のステップ—ケアの準備

さて、このステップにおいて、注意すべきことは以下の通りです。

- 正面から近づく。
- 相手の視線をとらえる。
- 目が合ったら2秒以内に話しかける。
- 最初から「ケア（仕事）」の話はしない。
- 体の「プライベートな部分」にいきなり触れない。
- ユマニチュードの「見る」「触れる」「話す」の技術を使う。
- 3分以内に合意がとれなければ、ケアは後にする。

以下、順に説明していきましょう。

正面から近づく

　ケアを行うとき、「自分は正面から近づくよう心がけている」と言う方はたくさんおられると思います。でも、いつも顔が壁のほうを向いている人に対して、背中に向かって声をかけたことはありませんか？　また、自分の前を歩いている人に対して、追い越しざまに声をかけたり、肩に手を置いたりして驚かれたことはありませんか？
　認知機能が低下している人の場合、後ろから声をかけられてもうまく認識できないことがあります。気がつかないから声がけに対して反応できないのですが、反応がないと、ケアする人はさらに近づいてさらに大きな声で声をかけてしまいがちです。
　そうすると、本人は突然近くで大きな声をかけられたと感じて驚

いてしまいます。驚く体験が度重なると不安がつのり、怒りの感情を抱きやすくなります。こうした理由から、認知機能が低下した人を驚かせない近づき方として、正面から近づくことが大切なのです。

視線をとらえる

　次に、視線を合わせます。
　相手の目をじっくり見ながら話すことに、なじみのない人もいるかもしれません。たしかにわたしたちは目が合わない相手に「わたしの目を見てください」とお願いすることは普通ありません。
　でも、認知機能が低下した状態の人にしっかり視線を合わせ続けると、こちらの問いかけに対する相手の反応が変わります[*]。認知機能のレベルに合わせて、目と目の距離、そして視線を合わせる時間の長さを調整する必要はあります。たとえば認知機能がかなり低下している人の場合、視線が合っているあいだは目の前の人に対して

---

[*] Akechi H et al. Attention to eye contact in the West and East: autonomic responses and evaluative ratings. Plos One.2013;8(3):e59312.

やってみたユマニチュード

　訪室するときは「お話をしに来ました。そのついでに、よろしければ体を拭いても構いませんか？」というようにかかわるとよいと思います。そうすると、強制的な雰囲気が一気に減ります。そのことによって生じる患者さんの反応の違いにはいつも驚かされます。

意識を集中しやすいようです。そのため、話しかけるあいだ中、視線をとらえ続けることが重要となります。視線をとらえ続けるために、自分の体の位置を変えることが必要になることもあります。

2秒以内に話しかける

　目が合ったら2秒以内に話しかけるルールをあえて決めていることについて、「ふつう目が合ったらすぐに話すのは当たり前じゃないか」と思う人もいるかもしれません。
　認知機能がある程度保たれている人とコミュニケーションをとる場合には、わたしたちは目が合ったらすぐに話しかけます。これはわたしたちが家族や友達とコミュニケーションをとるときと同じ行動です。
　ところが、認知機能がかなり低下している人にユマニチュードの技術を用いてアプローチしたときに、こちらの言葉を理解していないと思っていた人が突然眼球を動かして視線を合わせてくれると、ケアする人は驚きのあまり黙ってじっと見つめてしまうことがあります。そんなときには2秒以内に話しかけるというテクニックがあることをぜひ思い出してください。

いきなりケアの話はしない

　また、本人の同意を得られるまでは、ケア(仕事)の話はしません。ケアする人は「〇〇さん、お風呂ですよ」「〇〇さん、お薬ですよ」

と、近づいたらすぐに"ケア（仕事）"のことを強調して話しかけがちです。

　たしかにそれが最も伝えたいことではあるのですが、ケアを受ける人の立場からは、"仕事（入浴介助や服薬介助）のために来ただけ"というメッセージを受け取って、また嫌なことをされると感じてしまう可能性があります。

　このような事態を避けるために、この節の冒頭でも述べたように「○○さん、お話をしに来ました。少しよろしいですか？」など、"あなたに会いたいから来た""あなたと話をしたい"という、その人とのかかわりを求めて訪室したことを強調します。

やってみたユマニチュード

　今までは、自分の行おうとするケア、たとえば体をきれいにするとか、検温をするという目的のための訪室になっていたのかもしれません。

　ユマニチュードでは、ノックをした後に患者さんのところへ行き、必ず絆を深めるための会話をします。そうすると、患者さんがご自分のお話をしてくださったり、それまで抵抗があった方も受け入れてくれたりします。コミュニケーションが難しい方でも、緊張がほぐれていきます。そうすると、びっくりするほどスムーズに看護を進めることができるのです。

　わたしは、体をきれいにしながら患者さんの心地良さをその手で感じることができたり、耳で感じることができたりすると、看護することが楽しいなという感覚が自分の中に戻ってきて、やりがいが高まっていることを実感しています。

第2のステップ―ケアの準備

話す、触れる

　話をするだけならいいか……と思ってもらえれば、「いいわよ」と言ってくれるかもしれません。明確な肯定の反応がない場合でも、いつものように怒鳴らないなど、ふだんと比べて反応がポジティブなものであれば、さらに会話を続けます。

　話す際は、喜びの表情を添えて、前向きな言葉を使います。「おはようございます。お話しできてうれしいです」と。そして、ケアしに来た自分が、ケアをする相手と過ごせてうれしいと感じていることを示すサインをたくさん出しながら近づきます。最適な距離は相手の認知機能に応じて異なります。

　そして、手のひらを上にして両手を差し出してみてください。その上に自分の手を乗せてくれるかもしれません。「握手してもらっていいですか？」とお願いしてもいいでしょう。手を動かしてくれない場合には、プライベートな領域である顔や手などではない部分、たとえば前腕や背中などにそっと触れながら、相手の反応を確認します（67ページ参照）。

　この過程でポジティブなサインを出し続けることで、ケアを受ける人の感情記憶に、「これはいい状況なんだ」という思いが残ります。もしも手を振り払ったり、拒絶する動作が認められたときには、《再会の約束》をしていったんその場を離れることが必要です。

顔はプライベート・ゾーン

　ここで気をつけておきたいのは、顔は極めてプライベートな領域であることです。道で会った人に突然顔を触られれば誰でも驚きます。認知機能が低下している人も、見知らぬ人だと思っているケアスタッフに顔を触られれば、同じように驚くのです。

　親しいなじみの関係ができていると思っていても、必ずしもケアする人を覚えているとは限りません。いきなり顔に触れるのは相手のプラベートな領域に唐突に踏み込みすぎている可能性があります。そこで拒否的な反応を示されるのは当たり前のことなのです。

ケアの準備

◀ 正面から近づき、相手の視線をとらえます。

おはようございます！
お会いできて嬉しいです。

▶ 目が合ったら2秒以内に話しかけます。

section3　心をつかむ5つのステップ

「○○さんお話に来ました。」

◀最初からケアの話はしないことが肝心。

◀体のプライベートな部分にはいきなり触れないように。

▼ユマニチュードの「見る」「触れる」「話す」の技術を使いましょう。

見る　触れる　話す

第2のステップ―ケアの準備

第 3 のステップ　知 覚 の 連 結

　ケアの了解が得られたら、次のステップに移ります。ケアを実際に行う最も重要な部分です。先の友人宅を訪問した際のたとえ話でいえば、一緒に夕食を食べる段階ですね。
　ここでのポイントは次の 2 つです。

- 常に「見る」「話す」「触れる」のうちの 2 つを行うこと。
- 五感から得られる情報は常に同じ意味を伝えること。

2 つ以上の感覚を使う

　ケアをする人が発しているつもりのメッセージが相手にまったく届いていない状態でケアが始まってしまうと、ケアを受ける人は驚きます。驚きが重なるとイライラして怒りにつながります。
　たとえば、「見る」「話す」「触れる」の情報のうちいずれか 1 つしか使っていないために、ポジティブな感覚が相手に十分伝わらず、ケアの途中から拒否が始まる場合もあります。

複数の知覚情報を矛盾させない

　笑顔で優しく話していても、時間を気にするあまり早く短いストロークでごしごしと体を拭いてしまっては、ケアをする人が発する

メッセージがちぐはぐになり、全体としてポジティブな感覚を伝えることに失敗してしまいます。

つまり、ここで大切なのは、**相手の視覚・聴覚・触覚のうち、少なくとも2つ以上の感覚へ、調和的でポジティブな情報を伝え続けることなのです**。少しわかりにくいので、具体的に説明します。

たとえばわたしたちは、優しい声と笑顔で「服を脱ぎますね、大丈夫ですよ」と言いながら、袖から腕を抜くために、つい手首をつ

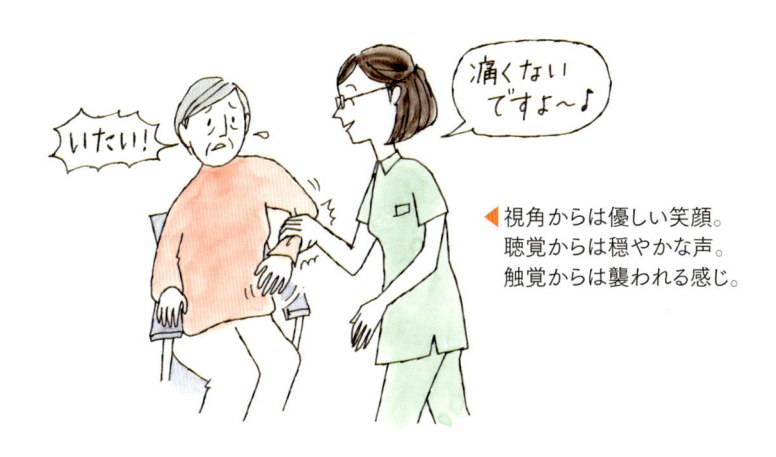

◀視角からは優しい笑顔。
聴覚からは刺すような声。

◀視角からは優しい笑顔。
聴覚からは穏やかな声。
触覚からは襲われる感じ。

第3のステップ―知覚の連結

かんで持ち上げてしまいます。また、「あちらで体操をしているので一緒に行きましょうか」と本人の背後から優しく声をかけながら、返事を待たずに腕をつかんで歩行介助をすることがあります。

　このとき、ケアを受ける人の身には何が起きているのでしょうか。ケアする人は優しくケアをしようとして、相手の視覚や聴覚へはポジティブなメッセージを届けているのですが、無意識に腕をつかんで上に持ち上げたり、いきなり腕をつかんで歩行介助をしたりすることで、視覚・聴覚とは異なる「負のメッセージ」を触覚に与えてしまっているのです。その瞬間に、それまでどんなにうまくかかわっていたとしても否定的な感情が芽生えてしまい、これがケアの拒否へとつながっていきます。

知覚の連結とは

　このような事態を防ぐために、笑顔と、穏やかな声と、優しい触れ方、この3つを同時に用いたケアが求められます。視覚・聴覚・触覚の3つの感覚へポジティブなメッセージを同時に伝えることによって、ケアを受ける人が心地よく感じられる状態、それをユマニチュードでは《知覚の連結》と呼んでいます。

　《知覚の連結》がうまくいくと、筋緊張がやわらぎます。ケアを受ける人は力を抜き、ときにはケアのあいだにあくびが出ることさえあります。ケアを受ける人が抵抗しなければ、ケアする人も不必要な力をかける必要はなくなります。

　反対に、《知覚の連結》がうまくいかないときには筋緊張が強くなり、表情は険しく、手足に力が入るため、清拭などのケアを進め

るのが難しくなります。つい「こっちを向きますよ」という声にも力が入り、体位交換する腕にも強い力が入ってしまいます。このようにして知覚情報の心地よさが失われ、ケアがよいものではなくなり、ケアを受ける人が「嫌だ」という言葉や態度を示さなければならなくなります。いわば、負のスパイラルに入ってしまうのです。

適性よりも技術

　これは、ケアする人の適性や優しさの問題ではありません。ケアする人を批判しても何の解決にもなりません。認知機能が低下している人に、どのようにかかわるとうまく情報が届くのか、どのようにかかわると心地よさを感じてもらえるのかということは、誰もが技術として身につけることができ、実践することができるのです。
　具体的には、「見る」「話す」「触れる」の基本的な技術を包括的に行うことが必要です。「見る」「話す」は比較的行いやすいのですが、**「触れる」についてはこれまでの習慣から、無意識のうちに"心地よさ"よりも"効率"を重視した動きをしてしまいがちです。**優しく触れる技術を体に覚えこませるには時間がかかります。

2人でケアを行うときには「黒衣(くろこ)とマスター」技法を使う

　認知機能の低下が著しく、激しく拒否的な行動をとる人に対してケアを2人で行えるときには「黒衣とマスター」という手法を用い

ることで、本人の混乱を防ぐことができます。
　ふつう2人でケアを行うときには、それぞれが本人の両側に位置し、同時に声をかけながら、同時にケアをすることが多いと思います。しかし、両側からそれぞれに声をかけられること、両腕や両足を別々に同時に動かされることは、認知機能が低下した人にとっては自分に届く情報が多すぎて一度にその処理ができず、混乱を強めます。その結果「やめて」と叫びながら全身に力を入れてしまい、

> **洗濯機ではありません**
>
> 　保清は、ある目標を達成するための手段にすぎません。たとえばあなたが患者さんだとして、シャワーを浴びる理由はあなたが汚いからでしょうか？ 汗をかいたり、泥だらけになってるわけでないあなたをシャワーにお連れする理由は何でしょうか？
> 　それは、あなたに喜んでほしいからです。清潔にするためだけではないのです。第一の目的はそこにはありません。
> 　あなたに楽しいと思ってもらいたいとき、生きる勇気を取り戻してもらわないといけないとき、私はあなたを洗いながら、あなたを見つめながら、あなたに触れながら、「あなたのことが大切です」と伝えます。これって保清でしょうか？
> 　単にきれいにするだけなら洗濯機です。短い時間にツルツルに仕上げるならば、自動洗浄機かもしれません。でも看護師・介護士という職業は、そんなことよりもずっとずっと大事な仕事をする人なんです。洗濯機なんかよりもずっとあなた方は大事な存在なんです。ずっとずっと大事!!

section3　心をつかむ5つのステップ

いわゆるケア困難な状況となり、結局ケアに時間がかかります。

2人でケアができるときには、「上半身の担当、足の担当」などと分けるのではなく、1人はケアを受ける人の視線をとらえながらケアの様子を実況中継のように話し続ける「マスター」役、もう1人は言葉を発さずに黙ってゆっくりとケアの実践に徹する「黒衣」役というように役割を分担することを試してみてください。

マスター役は「見る」「話す」、黒衣役は「触れる」

マスター役はケアのあいだ中、ずっとケアを受ける人の顔の前に位置して、視線をとらえ続け、話を続けます。

このときマスター役は、ステップ2《ケアの準備》の段階で、「わたしの友達が手伝ってくれるので安心してくださいね」と伝えておきます。黒衣役はそこで初めて挨拶をしますが、その後は黙ってケアにあたります。

黒衣役が服を脱ぐ介助をするときには、マスター役が「今から服を脱ぎますので、右腕を上げてくださいますか？」など、ケアについて実況中継や依頼をしながら、本人の動きを促します。体を拭くときにも、「いま背中をゆっくり拭いていますよ。気持ちいいですか？」「背中にお湯をかけています。温かいですね」などケアの内容と体の部位を細かく説明することで、"いま触れられているのが体のどこの部分か"を認識できるようにします。

ユマニチュードの基本の柱の「見る」「話す」「触れる」のうち、「見る」と「話す」をマスターが行い、「触れる」を黒衣が行うことで、

ケアを受ける人の意識を"今、ここ"に引き留めながら、ケアの過程で生じやすい混乱を防ぎます。このように、ケアの実践の場で「見る」「話す」「触れる」を同時に行うことによってケアを受ける人の知覚をつなげることを、ユマニチュードでは《知覚の連結》と呼ぶわけです。

どちらが効率的か

　この「黒衣とマスター」の技法では、1人は常にケアを受ける人に声をかけ続け、清拭などのいわゆるケアを行うのは黒衣1人だけです。せっかく2人いるのに、1人だけがケアするのでは時間がかかって非効率ではないか、と感じる人もいるかもしれません。

　しかし、ケアに拒否的な態度を示す人に、"効率的に"排泄ケアや清潔ケアを行ったときの経験を思い出してみてください。認知症の人が必死で握りしめる布団やタオルを、「これ離してください！」と強い声で言いながら力を入れて引っ張ったことはありませんか？これでは、ケアをする人、受ける人のあいだで、まさに"戦い"が始まってしまいます。

　ケアの現場で働くさまざまな専門家は、決してケアを受ける人を傷つけようとしているわけではありません。相手のためを思い、清潔ケア・排泄ケアを行っています。しかし、慣習の結果として生み出されてしまった「相手と戦わざるを得ないやり方」では、ケアをする人も楽しさを見いだせず、職務に対する意欲も失ってしまいます。

　「時間がないから仕方がない」と"効率的"なケアを続けること

で生じる最も大きな代償は、このような戦いに疲れてしまった職員の離職です。ケアをする人の多くは「誰かのために役立つ仕事」としてこの職業を選んでいます。自分が選んだ職業に価値を見いだし、継続していくためには、ケアを受ける人とケアをする人の双方が楽しみと満足を得ることが重要であり、それを実現できる技術があるのです。

やってみたユマニチュード

　今までの清拭のやり方では、たとえ2人介助であっても、看護師が両側に立ち、右と左を同時にゴシゴシ洗っていく感じだったんです。ご本人からすれば、両側から情報が入り、両手が動かされていくので、さらに混乱していたのではないかと思います。

　けれども2人の役割を「右と左」ではなく「黒衣とマスター」、つまり「目を見ながら話し続ける人」と「実際の清拭を行う人」とに分ける方法にしてみると、1人がケアを行うあいだ、ずっとご本人と目を合わせて話しかけることができます。「今からわたしの友達が背中を拭きますね」とか「温かいタオルは気持ちいいですね」とか「右足を上げてください」とか。顔の前にいる人だけがしゃべり続けて、もう1人はゆっくりした動作でケアに徹するという方法です。

　これまでも2人でかかわってきたのですから、1人は本人の気持ちをつかまえておいて、もう1人がゆっくりなめらかになでるような感じで体を拭いて差し上げるといいと思います。全身の力が抜けて気持ちよさそうにしておられて、それまでの反応とはずいぶん違うことを実感します。

知覚の連結

見ること、話すこと、触れることの技法はすべて、
一貫して同じメッセージ（優しさ）を伝えている。

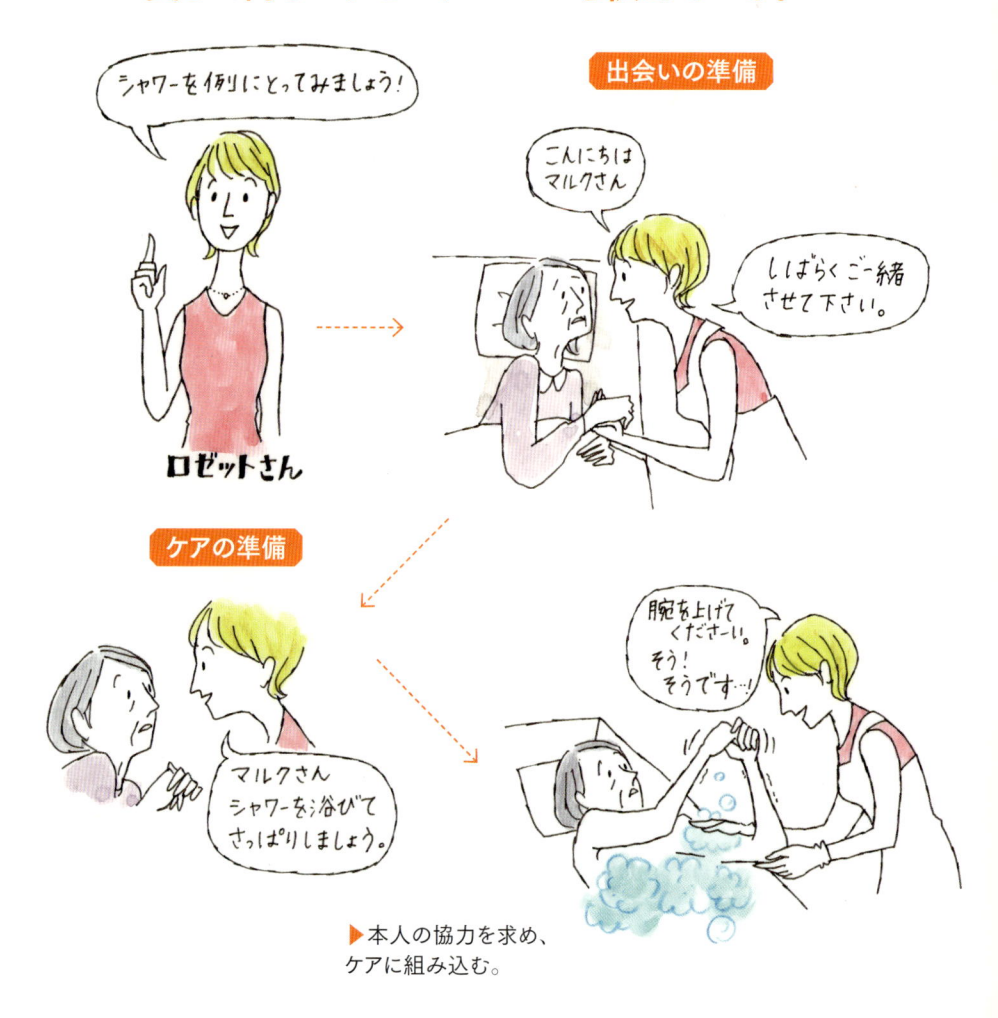

「シャワーを例にとってみましょう！」

ロゼットさん

出会いの準備

「こんにちはマルクさん」
「しばらくご一緒させて下さい。」

ケアの準備

「マルクさん シャワーを浴びてさっぱりしましょう。」

「腕を上げてくださーい。そう！そうです…」

▶ 本人の協力を求め、ケアに組み込む。

section3　心をつかむ5つのステップ

◀ ケアの実況中継をする。
前向きな言葉を使う。

▲ 黒衣はケアの実践に徹する。

感情の固定

▲ よい時間を過ごしたことを
振り返る（128ページ参照）。

第3のステップ—知覚の連結

第 4 のステップ　感情の固定

　ケアが終わりました。気持ちよくケアできたことを患者さんの記憶にしっかりと残し、次回のケアにつなげるのがこのステップです。つい先ほど起こったことを 2 人で「想起」します。

- **ケアの内容を前向きに確認する。**
    - ⇒「シャワーは気持ちよかったですね」
- **相手を前向きに評価する。**
    - ⇒「シャワーをしてさらに素敵になられましたね」
    - ⇒「たくさん協力してくださいましたね」
- **共に過ごした時間を前向きに評価する。**
    - ⇒「わたしもとても楽しかったです。ありがとうございます」
- **前向きな言葉、友人としての動作で。**
    - ⇒ポジティブな「感情記憶」を残す。

「この人は嫌なことはしない」という感情記憶を残す

　感情記憶は、認知症が進行した状態においても保たれています。この第 4 のステップ《感情の固定》は、「シャワーは気持ちよく、とてもよい時間だった」という快の記憶をケアを受けた人の中にとどめておくための技術です。
　ケアやお互いの体験がポジティブなものであったことを言葉で明

確に表現して、お互いの「絆」を確認します。これによってつい先ほど行ったケアの価値を高めることができ、この人は嫌なことをしない、この人とはよい時間が過ごせるんだということを感情記憶にしっかりと残すことができます。

たとえば、シャワーの後にベッドに戻ってきたときを想像してください。つい「お疲れさまでした！」と言ってすぐに次の人のケアに移ってしまいます。ここで数分、《感情の固定》を行う時間をつくってみてください。

"また？　時間が限られているのに……"と思われるかもしれません。しかしこのステップは、その人が日ごろ好まないケアを実施し

第４のステップ―感情の固定

た後でも、次回そのケアを気持ちよく受け入れてもらえる可能性を高めます。《感情の固定》を数分間行うことによって、次回のケアへの誘導時間が短くなれば、実は時間をより有効に使っていることになります。

やや大げさに表現する

　具体的にはこんなふうです。ベッドに座って（もしくは寝て）もらい、「シャワー、気持ちよかったですね。とっても素敵ですよ。ご自分でしっかり動いてくださったので、本当に助かりました。たくさんお話できて楽しかったです」などと、ケアの内容、相手への感謝、自分も楽しかったことなどを会話の中に織り交ぜながら話します。
　認知機能が低下している人の場合には、やや大げさに表現すると効果的です。ただし、認知機能が維持されている人からみると、「近よりすぎ」「大げさな笑顔や言葉」「不自然」と思われやすいので、この手法を意図的に用いていることを一緒に働く人たちにも理解してもらうよう、周囲へ働きかけることが必要です。

やってみた ユマニチュード

　《感情の固定》のプロセスをしっかりとやると、心地よかったポジティブな感情が記憶に残るようで、患者さんが受け入れてくださったんだなと感じるときがあります。「名前はわからないけど、いい感情をわたしに残してくれる人」という形で覚えていてくださいます。

共に働く人たちの理解を得るには

　共に働く人たちの理解を得ることが難しいときには、まずは自分でこの技法を実践し、その効果を実際に見てもらうほかありません。まわりの反応に振り回されず、目の前にいるケアを受けている人に集中してケアを行ってみてください。

　たとえば、これまでケアに際していつも叫び声をあげていた人が、ゆったりと返事をして、穏やかにケアを受け入れるようになるなどの変化が生じると、他のスタッフは驚いて「どうして？」と聞いてくれるはずです。そこで、再度説明してみましょう。

　認知症ケアのあり方を改善するためには、ケアを行うチームの文化を変化させる必要があり、多くの職員の認識を変えるためにはたいへん長い時間がかかります。

　急がず焦らず、目の前の認知機能が低下した人に、「どんなケアでもゆったりとした気持ちで受けられるようになってほしい」という気持ちを常にもち、それを同僚と共有できるようにコミュニケーションをとり続けることが大切であると考えます。

感情の固定

よい時間を共に過ごしたことを振り返る。

第 4 のステップ—感情の固定

第5のステップ　再会の約束

　ケアが終わってそばを離れる前に、《再会の約束》をします。これは、たとえ記憶ができない人にとっても必要なことです。ポジティブな何かを約束したということ、もしくは「この人はまた来てくれるんだ……」という期待をもつ感覚を感情記憶にとどめてもらうためです。

　前のステップ《感情の固定》によってポジティブな印象を残し、このステップ《再会の約束》によって、また来ることを伝えます。ポジティブな印象をもった人がまた来てくれると思えばうれしくなるでしょうし、そのときを待っていてくれる可能性があります。

　次回うかがったときに、約束した内容は覚えていないかもしれませんが、心地よかった記憶が残っていれば、そのスタッフの顔を見て笑顔で迎えてくれるでしょう。また、「何かを誰かが約束してく

やってみたユマニチュード

　「握手をして別れる」というのは意外に大切なことだと思いました。わたしたちはこれまで、ケアが終わったら、「はい、じゃ終わりました」と言って、その場を去ってしまっていました。「忙しい忙しい」という雰囲気を醸し出しながら。
　けれども、「また来ますね」と言って握手をするという、ほんの数秒で済むかかわりによって、次回来たときに好意的に受け止めてもらえるということをよく経験します。

れた」という感覚だけでも、社会とのつながりを取り戻したという実感が残り、ケアがうまくいく場合もあります。

　とりわけケアを拒否する人の場合には、次回の約束は不可欠な行為です。すべてのかかわりを拒否する人の場合、いきなりケアを行おうとせず、「予約をとりに来ました」と言って訪ねてみるのも有効です。

約束を書きとめておく

　記憶できない人の場合には、その約束を書きとめておくとより効果的な場合があります。たとえば、「8月22日水曜日午後2時、お風呂」といった内容を紙に書いて本人のベッドサイドに置いておきます。「お風呂」という言葉で混乱を強める人の場合には、「マッサージ」など入浴時に実際に実施することのできる別の言葉を探してみてください。小さなメモ帳を使ってみてもいいでしょう。約束を書くのは、ケアを受ける本人でも、ケアをする人でもどちらでもかまいません。

　書いたものを理解できる人の場合には、誰かが自分のところに来る約束をしてくれたことを何度も確認できますし、書いたものを理解できなくても、「約束の時間をここに書いておきますね」と書きとめる動作によってその人の誠実さを伝えることができます。

　次のケアの際に、「ほら、ここにお風呂のお約束が書いてありますね」と一緒にメモを見ながら話を進めることができますし、また、その約束の日までのあいだ、別のスタッフがそのメモの内容を話題にすることもできます。

次回来られない場合には

　多くの施設を巡回している人などは、次に訪問する約束をすることが難しい場合があります。そのときには、常にそこにいる人を自分の仲間として紹介します。

　たとえば、その病院や施設の職員を呼び、「もう安心ですよ。わたしの友達のこちらの〇〇さんがお手伝いしてくれますから」と紹介し、その人と職員に握手を促します。そして「こちらの〇〇さんは、とっても優しい人なんですよ」と強調します。

　職員が「よろしくお願いします」と笑顔で伝えると、うなずいたり笑顔を返したりする場面をわたしたちは数多く経験しています。

　第4のステップ《感情の固定》と第5のステップ《再会の約束》は、次のケアのときにスムーズに受け入れてもらいやすくするためのプロセスです。長い時間をかける必要はありません。いい雰囲気でケアできたら、ケアが終了したときにお互いにそれを確認しあう。それは、ケアを受けた人への感情の固定だけでなく、ケアをする人の充足感にもつながります。

再会の約束

◀ 具体的な日時を約束する。

Section4
ユマニチュードをめぐるQ&A

回答者
イヴ・ジネスト

Q1 ケアのレベルを評価するといっても、転倒リスクの高い人に立ってもらったり、歩いてもらうのは……。

　倒れる可能性のない人ならそもそも介助はいらないでしょう。介助がいるのは、転倒リスクが高い人だからです。

　立位をとる目的は、すぐにその人に自立してもらうためではありません。健康状態を維持・改善するために、立って、歩いてもらうのです。歩いていれば少なくとも褥瘡はできません。**一日のうち20分間立っていられれば、寝たきり状態になることはありません**。場合によっては、介助者は1人でなく、2人、3人と必要になるかもしれません。そうすると、人手がかかりすぎるという意見が必ず出てきます。

　しかし、立たせようかそれともやめようかという迷いや疑問は、わたしにはありません。高齢者をケアするということは、高齢者にどうやって立ってもらおうかと考えることと同じだと思っています。

　したがって、「ここにやってきたときにはすでに寝たきりだったから、この人は立てない人です」というような評価は間違っています。今この人にどれだけの能力があるかを、清拭やストレッチャーバスを行いながら評価する必要があります。

　清拭の際に足の裏でわたしの手を押すことができれば立つことができますし、ベッド上で自分で足を上に持ち上げることができれば歩行できるかもしれません。そうであれば、清拭やシャワーの機会を使って、その人の筋力や関節の動きについて必ず確かめてから、立位や歩行の介助を実施します。

Q2 目を離したすきにひとりで動き出してしまい、自分で転倒することをどう防ぐのですか？

　わたしなら「まだバランスがうまくとれないので、自分では絶対に立たないでください。近くに誰かがいるときに一緒に立つようにしてください」と伝えます。場合によっては、家族に相談して可能な範囲で見守ってもらうことをお願いします。

　この回答を聞いて「それくらいでは、転倒予防にはなりません」と思う人はたくさんおられることでしょう。**しかしわたしが強調しておきたいのは、倒れることを恐れるあまり、一時的にでも抑制してしまうと、高齢者の健康はひどく損なわれてしまうということです。**

　紐、柵、鍵などを用いて抑制すれば、必ず高齢者に害を与えます。ユマニチュードの中で抑制を認める唯一の例外は、その害を相殺できるプログラムの実施と組み合わせる場合だけです。抑制すれば血行は悪くなり、筋肉量は減少し、カルシウムは骨に定着しにくくなります。だからその代わりに「一日30分はわたしと歩きましょう」と提案しなくてはなりません。

　また転倒予防を重視しすぎると、抑制しなくとも、一日中座ったまま、寝たまま過ごすことを強制してしまうことに気づいてください。日本においても、一部の病院や施設ではできるだけ立ってもらう、歩いてもらうように取り組んでいるところがありますが、多くの病院や施設では、安全の立場から転倒予防をより重視しているのが現状でしょう。この改善には時間と労力がかかることは言うまでもありません。

Q3 そうは言っても、転倒したら困るのですが……。

　医療の安全面を考慮したうえで、わたしたちがどうすべきなのかはたしかに大きな課題です。しかし、自分自身が90歳になったときに、転倒の危険があるからといって、無条件にベッドに縛り付けられたいと思いますか？

　転倒のリスクはあります。医療訴訟の不安もあります。それは十分理解できます。しかしそのとき、「ケアの専門家」として、ケアを受ける人が得るものと失うものを本当にきちんと天秤にかけて考えているでしょうか？

　今わたしたちが抱えている問題をオープンにして、社会に訴える努力をしていくべきだと思います。そうした試みを続けていくことによって、「**よりよい健康状態を保つためには、転倒もそのなかで起こりうることのひとつである**」という社会的な合意が得られる日が来ると、わたしは信じています。

Q4 人が少ない夜勤帯でも、ユマニチュードを実施することは可能でしょうか？

　老人ホームや療養型の施設で、入所者100人に対して夜勤のスタッフが2〜3人ということもありますね。たしかに今の段階ではいろいろな面で足りないものもあるでしょう。

　でもわたしは、現実離れした、誰もできないことを提案しようとしているのではありません。あれもこれもすぐに達成できると言うつもりもありません。ユマニチュードの導入に際しては、その状況で何がいちばん重要なのかを判断し、優先順位をつけて学んでいけばいいのです。

　ユマニチュードを導入することによって、ケアが効率的に行えるようになり、時間が節約できます。立位をとってもらうことでシャワーの時間が短くなりますし、ベッドでの清拭の時間も短縮されます。もちろん、時間の節約がユマニチュードの目的ではありません。患者さんにケアで気持ちよくなってもらうのが第一ですが、業務全体の効率化が図れるのも事実です。

　さらに、わたしだったら夜中に巡回に来てほしくないですね。ぐっすり寝ていたいです。睡眠は認知機能が低下している人にとっても重要なものであることは、この本の27ページで述べました。

　むしろ問題は、ベッドから出て倒れるのは、夜間の見回りの後というケースが圧倒的に多いことです。つまり、寝ているときに巡回で起こされたことによって、中途半端に覚醒してしまう可能性があるのです。本当に2時間ごとの見回りをしなければならないのかを検討する必要があると思います。病院や施設での職員による睡眠の

妨げは、すでに重要な問題として論文もたくさん書かれています*。

　ユマニチュードの導入と同時に、旧来のケアに関するシステム全体を見直していかなければなりません。簡単なことではありません。ですからわたしは「革命」と申し上げているんです。

* Young JS et al. Sleep in hospitalized medical patients, part 1: factors affecting sleep. J Hosp Med. 2008 Nov-Dec;3(6):473-82.
　Yoder JC et al. Noise and sleep among adult medical inpatients: far from a quiet night. Arch Intern Med. 2012 Jan 9;172(1):68-70.

Q5

ケアの準備の項で「あきらめる能力」について触れていますが（100ページ参照）、ケアに対する拒否が強い人の場合、あきらめて先延ばしにしすぎて1週間とか1か月お風呂に入っていなかったということが起こるのではないでしょうか？

　「イヤ」と言われたらすぐにあきらめるわけではありません。同意を得られるよう3分は努力します。第1のステップ《出会いの準備》、第2のステップ《ケアの準備》の段階でできるだけよい印象を残して、時を変えてかかわります。本当に拒否が強い人の場合には、午前中にアプローチして拒否されたら、午後まで待って再びトライするということもあります。

　でも、1週間のうち毎日午前と午後の2回しか声をかけないというわけではなく、入浴の声がけ以外でもユマニチュードの技法を用いたかかわりをもつようにします。

　わたしの経験では、これを続けていくことで、徐々にケアを受け入れてもらえるようになります。ただし、そのためにはいろいろな技術を組み合わせる必要がありますね。また、無意識のうちにケアする人が自分の目的に誘導しようとしてしまうこともあるので注意が必要です。

　ユマニチュードを実施する人は、「本を読んだらすぐできるもの、研修を受けたらすぐにできるもの」と思わず、うまくいかないときには何か足りないものがある……と自分たちで考え、話し合いながらいろいろ試してみてください。

ユマニチュードとの出会い

東京医科歯科大学医学部附属病院・看護部長
（元足利赤十字病院・看護部長）
川﨑つま子

　日本人の平均寿命は男性 79.94 歳、女性 86.41 歳です（2012 年、厚生労働省）。高齢化率は 25％ と、日本は他国に例を見ないスピードで高齢社会を迎え、今後もその状況は加速しています。それにともなって認知症は増加し、その患者数は約 460 万人と推定されています。
　このように高齢社会への対応は国をあげて取り組むべき重要なテーマであると同時に、私たち看護師にとっても早急に向き合わなければならならない課題です。高齢者の特徴や認知症ケアについて理解を深めて看護にあたらなければなりませんが、現在の看護基礎教育においては老年看護学の中で学んではいるものの、決して十分とはいえません。看護学生の臨床実習の受け入れ施設である病院においても、十分な指導ができているとはいえない状況にあります。
　私の勤めていた足利赤十字病院は、555 床の急性期病院です。残念ですが高齢者に対する医療が十分にできていたとはいえません。医師も看護師も、入院の原因となった疾患の治療を優先し、チューブ類の自己抜去や転倒転落などのアクシデントを恐れ、過剰な身体抑制を強いていました。その結果、患者の身体機能は著しく低下し、精神機能も低下してしまいます。いったん低下した機能を回復させるためには何倍もの時間を要することは理解していますが、「治療のため」と自分に言い聞かせて看護にあたっているのが現実なのです。
　地域の訪問看護師やケアマネジャー、介護福祉士の方々からは、「入院すると患者さんの病気はよくなったけど精神的・肉体的機能は低下し

てしまい、在宅で過ごすことができなくなってしまった」とのお叱りをいただきます。実際、機能低下のために自宅で過ごすことができずに施設に移っていく方が後を絶ちません。そうした声に応えていくために、私たちは何をすべきでしょうか。

　高齢者の身体機能や精神機能を維持するためには、理学療法士が一定の時間実施する機能訓練を受けることも必要ですが、それ以上に「日常生活そのものがリハビリテーションである」ことを意識して取り組むことが大切でしょう。つまり、看護師のケアそのものがリハビリテーションであるということです。身体機能の回復は、同時に精神機能の回復にも影響を及ぼし、その人らしさの回復にもつながります。人生のエンドステージにある高齢者が、亡くなるその時まで、その人らしく過ごすことができるように支援していく。これが、高齢社会を迎えた日本で最優先に取り組む課題であると私は思います。

＊　＊　＊

　私は足利赤十字病院で、イヴ・ジネスト先生、本田美和子医師、林紗美看護師のユマニチュードの実践を間近に拝見しました。患者さんの表情や動きにこれほどの変化が見られるとは！と大変な驚きでした。

　看護師の指示にまったく従わず、叩く、蹴るなどの暴力行為が見られた患者が、あたかも魔法にかかったようにジネスト先生の指示に素直に応じ、自分らしさを取り戻していきました。これまでの接し方とどこがどのように違うのか……。本当に不思議な時間でした。もしかしたら私たちは間違った接し方やケアを行っていたのかもしれないと、深く反省した瞬間でもありました。ご家族も「こんな親父を見たのは久しぶりだ。看護師さんを困らせて申し訳ないとずっと思っていた」と話されていました。

　ある患者は、ベッドから勝手に動き出すため転倒の危険性があるとい

う理由で、長時間スタッフステーション内で看護師の監視下で過ごしていました。いつも閉眼し、無表情にただそこにいるだけという状態でした。しかしユマニュチュードのケアを受けるとその方は本来の表情を取り戻し、なんと歌までうたったのです。30分前には考えられない出来事でした。また看護師の行う口腔ケアを拒否していた患者は、洗面台の前で、自分の力で歯磨きを始めました。

　これらの変化は偶然に起こったのではなく、ユマニチュードのメソッドにもとづいて行われたケアによるものでした。つまり、それはジネスト先生や本田医師、林看護師だからできたのではなく、誰でもユマニチュードを学べばできるのです。実際、この現場に立ち会った歯科医師は、なかなか開口してくれない患者に対してユマニチュードを実施してみたところ、スムーズに開口してもらえたと私に話してくれました。

＊　＊　＊

　ユマニュチュードの基本となる4つの柱は、①見つめること、②話しかけること、③触れること、④立つことです。なかでも立つことや歩くことの重要性は、ジネスト先生の強調するところです。患者の清拭場面で多職種が一緒にケアを行い、その場でカンファレンスをもつことが患者の機能を知る機会になり、そこから患者の可能性を引き出すことができると話してくれました。

　患者が立つこと、そして歩くことができるようになると、寝たきりを予防でき、褥瘡や肺炎などの合併症を防げます。何よりそれは再び生きる意欲を賦活し、人間としての尊厳を保つことにつながります。

　しかし入院患者に対する私たちのケアは今までのところ、立つことはおろか歩くことを制限する方向に向きがちではないでしょうか。その理由は、「転倒によるリスクを最小限するするため」です。

　足利赤十字病院において転倒・転落の多いのは、脳外科の患者が多く

入院する病棟や、回復期リハビリテーション病棟、そして緩和ケア病棟でした。つまり、リハビリテーションが進み歩くことができるようになった患者は、自分で何でも行おうとして、ベッドサイドやトイレの前で力尽きて転倒してしまうのです。しかしこれは、歩くことができなかった患者が、歩くことを回復するプロセスにおいて起こる現象です。つまりその意味では、重要な回復過程なのです。

　患者家族にそのことを十分に説明できないために、転倒した事実のみを見て、医療者の怠慢ではないかと責められる場面があります。また一定の確率で、転倒によって骨折などのリスクが発生することも事実です。高齢者ケアのこのような内実についてこそ、国民のコンセンサスを得る必要があるでしょう。そのためにもユマニチュードの考え方を広めていく必要があると私は思います。

*　*　*

　高齢の患者と話すときはその視野に入るように接近すること、ケアをしながら絶えず話しかけること、食事介助や口腔ケアなどを行う際にはいきなりその行為に入るのではなく、まず患者との信頼関係を構築すること、そして嫌がることを決して無理強いしないこと——私たちが受けた短時間のユマニチュード研修では、こうしたことを実践を交えて教えていただきました。「そんなことなら知っている」と思われる方もいるかもしれません。しかし、これらすべての行為を意識的に実践している人は少ないのではないでしょうか。

　ユマニチュードのメソッドは、ジネスト先生らが35年の歳月をかけ、数々の体験をもとに編み出されたものとうかがっています。実際にこの目で見て、体験した私は、ユマニチュードは、高齢者のケアをどのようにしていったらよいのかと悩んでいる方々への朗報であると確信しています。

イヴ・ジネスト
(Yves Gineste)
ジネスト - マレスコッティ研究所長
トゥールーズ大学卒業

ロゼット・マレスコッティ
（Rosette Marescotti）
ジネスト - マレスコッティ研究所副所長／
SAS ユマニチュード代表
リモージュ大学卒業

体育学の教師であったジネストとマレスコッティは、1979 年にフランス文部省から病院職員教育担当者として派遣され、病院職員の腰痛対策に取り組んだことを契機に、看護・介護の分野にかかわることとなった。以降、医療および介護の現場で小児から高齢者まで幅広い対象者へのケアを実践し、その経験からケア技法「ユマニチュード」を創出した。彼らの哲学にもとづいた具体的ケア技法は、欧州各国およびカナダで広く受け入れられている。

本田美和子（ほんだ・みわこ）
国立病院機構東京医療センター
総合内科医長／医療経営情報・高齢者ケア研究室長

1993 年筑波大学医学専門学群卒業。内科医。国立東京第二病院にて初期研修後、亀田総合病院等を経て米国トマス・ジェファソン大学内科、コーネル大学老年医学科でトレーニングを受ける。その後、国立国際医療研究センター・エイズ治療研究センターを経て 2011 年より現職。